北陸の海辺自転車紀行

北前船の記憶を求めて

藤井 満［著］ *Mitsuru Fujii*

あっぷる出版社

まえがき

2011年春、能登半島の輪島市に引っ越してきた。

大阪から金沢まで特急サンダーバードで2時間半。特急バスに乗り換え、松本清張の小説に出てくるような鈍色の日本海を横目に2時間走ると、茅葺き民家が点在する山に分け入っていく。この先に人里があるんだろうかと、いぶかしみながら20分ほど走ると、突然まちがひらけた。

2001年に「のと鉄道」が廃止され、全国と結んでいた鉄路が途切れた輪島のまちは、辺境の離れ島のように思えた。

輪島では大型連休以外で車が10台もつらなると、事故でもあったんか？　と疑い、夜のまちで若者が10人もつどっていると、きょうは祭りか？　と思ってしまう。

そんな静かな田舎町なのに、輪島塗という芸術品を生み出している。塗師屋の町屋に入ると、意匠を凝らした漆器や拭き漆の豪華な内装に圧倒される。スーパーの駐車場で人間国宝にでくわすまちなんて、全国でも輪島ぐらいではなかろうか。

かつて輪島は、全国の十大港「三津七湊」に数えられる港だったから、全国の文化を吸収できたのだろう。

朝市を歩くと、新鮮な魚をさばいてくれる。その日に食べない半身はコンブでしめてもらう。北海道のコンブはなくてはならない食材だ。これも北前船がもたらした。

アワビやサザエをとる約200人の海女の先祖は、筑前の鐘崎（福岡県宗像市）から16世紀にやって来た。その鐘崎に潜水技術を伝えたのは韓国・済州島の海女だといわれている。海女漁も海の道が能登にもたらした生業だった。

能登半島の先端の珠洲市は、8世紀に編纂された「出雲国風土記」にも登場する。出雲の国は土地が狭いので、四つの国から土地を引き寄せて島根半島をつくったという「国引き神話」だ。4カ所のうちのひとつが「越の国」の珠洲だった。神話は、直線で400キロ離れた能登と出雲のつながりを示している。

海から見ると、輪島は「辺境」どころかはるか昔から物流ハイウエーの一大拠点だったのだ。

北前船のスピードは風の強さにもよるが、時速10キロ前後だったという。自転車とかわらない。和船の速度で北陸の海辺をたどったら、かつて北前船が往来した「海の轍」が浮かび上がってこないだろうか——。

そんな思いで自転車にまたがった。2014年夏のことだった。

北陸の海辺　自転車紀行 ―― 目次

第1部　能登半島から富山へ

第2部 能登半島から若狭へ

⑤
⑥
⑦
珠洲市
⑧
⑨
⑩
⑪

Goal
㉗
入善町
朝日町
㉖
㉕
㉔
黒部市
㉓
㉒
滑川市
魚津市
舟橋村
上市町
立山町
富山市

第1部　能登半島から富山へ

1 能登から始まる海辺の旅

誕生60年のゴジラがブームになっている。日本地図を開いてみてほしい。この怪獣の横顔に似た地形が見あたらないだろうか。

そう、能登半島。ゴジラの目の位置に、私が暮らす石川県輪島市はある。

輪島と聞いて、何を思い浮かべるだろうか。朝市、輪島塗、波の花、上空の寒気団。

ここにはかつて、のと鉄道の終着駅があった。駅名標は、次の駅に「シベリア」と記されていた。

「最果ての地」と冗談めかした高校生の落書きからはじまったという説が根強かったが、最近、「私が書いた」という人を見つけた。市内に住む山之下誠吉さん(69)だ。

旧国鉄時代の1972年から2001年の廃線まで輪島駅に勤めた。「能登から大陸へ船が出た時代もあるそうですね。戦前の駅にシベリアと書かれていたことがあると先輩に聞き、おもしろいと、終列車のあとにひとりでペンキで書いたのです」と教えてくれた。2、3年後にはもう一つの駅名標に「朝市」と落書きされた。これは地元の高校生らしい。たしかに輪島駅からシベリア方面に800メートルほど歩くと朝市だ。

1975年の出来事。旧国鉄のキャンペーン「ディスカバー・ジャパン」があり、若い女性のひとり旅でも能登は人気だった。海の向こうはロシアのウラジオストクで、シベリア鉄道がはじまる。駅名標が旅情をかきたてたことだろう。

なぜこれまで名乗らなかったのかと山之下さんに問うと、「とくに聞かれなかったので」と、能登人らしい控えめな答えだったのだが……。

駅名標は輪島駅のシンボルとなり、廃線後も駅跡の「道の駅」で再現されている。

近くに、逆さの日本地図がはってある。こう見ると日本海は巨大な内海、北陸は大陸へ開かれた海辺の道だ。シベリアも、心なしか近い。

能登を拠点に、約千キロの北陸の海辺を自転車で走ろうと思う。まずは半島を時計回りに進み、富山県の東端、ヒスイ海岸へ向かう。

わじま
輪島
WAJIMA
石川県輪島市
のといちのせ
NOTO-ICHINOSE
シベリア

2 朝市へ「マリン」と駆ける

北陸の海辺の旅に出発する前に、旅の伴侶となる自転車について説明したい。

8年前に買ったロードバイクで、米国のマリン・バイクス社製だ。サドルは破れて中綿がのぞき、変速機がさびている。引退を考えたが、海を意味する「マリン」はこの旅にふさわしい。もうひとふんばりしてもらうことにした。

昔から自転車が好きだった。大学時代は「ママチャリ」に寝袋を積み、郷里の埼玉から中山道を経て下宿のある京都へ、さらに長崎を経て水俣（熊本県）までを約2週間で走った。ベトナムでは現地で自転車を調達して縦断を試みたが、車体が真っ二つに折れて200キロで挫折した。

草いきれや水辺の涼など、その土地の空気を体で感じて走るのが自転車の魅力だ。

いよいよ出発だ。まず観光名所の朝市に立ち寄った。露店のおばちゃんたちが「買うてくだー」「値段だけ聞いてぇ」と声を張り上げている。

鮮魚店のおばちゃんが包丁をトンッとひとふりすると、まな板にカツオの頭が転がった。驚く客に目もくれず、あっという間に3枚におろした。米谷《こめたに》はる子さん（85）。地魚にこだわっている。

「金沢から来るがは、遠くの魚もあるから嫌いねんちゃ。ため池（日本海が荒れる）冬は内海（富山湾）のも使うが、ためみてえな海の魚は脂がつくだけや。荒波に育った輪島のほうがうめぇ」。一般に、脂がのった富山湾の寒ブリは輪島産より人気がある。だが輪島の人は、身が締まって適度な脂がさわやかな輪島のブリを好むのだ。

朝市の売り上げの9割は観光客からだが、会話を交わすと、昔ながらの能登人気質に触れられて楽しい。

米谷さんと別れて、市街地を出た。海岸ぎりぎりまで迫る山の斜面を蛇行するように国道249号が延びている。30分ほどで「白米千枚田《しろよねせんまいだ》」に着いた。1004枚の棚田は稲刈りの真っ最中だ。はざ干しにされた稲から香ばしいにおいがただよってきた。

米谷はる子さん（右）は能登の魚にこだわり、得意先は飲食店や料亭も多い。「輪島の高級食材店」と呼ぶ人も。

田植え前の白米千枚田。一時は千枚のうち 400 枚が荒れていたが、ボランティアの力で復活した。世界農業遺産（GIAHS）能登の象徴になっている。

3 「千体地蔵」に会いたい

輪島市街地を出て約30キロ。小さな峠をのぼりきると、弓なりの砂浜のむこうに、壁のように立ちはだかる岩倉山（357メートル）が見えてきた。

山の中腹では、長年の風雨が流紋岩を刻んでできた「千体地蔵」の奇観が見られる。

この自然の造作物を約40年前に「再発見」した藤平朝雄《ふじひらあさお》さん（75）を、近くの曽々木《そそぎ》海岸にある自宅に訪ねた。

東京出身の藤平さんは、大学卒業後に航空部品メーカーで営業職についた。毎晩立ち飲み屋で酒をあおる生活は何かが足りない。放浪への思いが高じて、26歳で退職した。退職金4万円を手に伊豆の旅館で働いた。長野では木材工場、宮崎では伊勢エビ漁、北海道では炭鉱にもぐった。

そして1968年に、ここ曽々木海岸にたどり着いて、ユースホステルで働いた。経営者の娘との恋がめばえて、結婚。この地に定住した。

「神仏や祖霊を身近に感じながら自然のなかで暮らす能登の魅力は、全国を旅しなければ感じられなかったと思います」

結婚から間もないころ、集落の集会で、山仕事の人が手を合わせていたという千体地蔵のことが話題になった。みんな、「聞いているが見たことがない」。2日後、弁当を持って山に入った。

山中を半日歩いた。危険な崖に出て、手近な岩にしがみついた。「それが千体地蔵や！」。同行の男性が崖の下の方から叫んだ。流紋岩の柱状節理の先端が丸く削られた部分が頭だった。

「塩田が盛んな昔は海水をたく薪を採りに山に入る人が多く、地蔵はよく知られていました。塩田がなくなり、地蔵はヤブに覆われたのです」

自転車を置いて、私も千体地蔵をめざした。急な山道を30分ほど登ると、曽々木海岸と集落が眼下に広がった。

「イオン交換膜法」による工場生産の食塩の登場でほぼ全滅していた塩田は、専売制が1997年に廃止され、自然塩ブームが重なって復活が相次ぐ。千体地蔵の再発見は、塩田再生の予兆だったのだろうか。

千体地蔵。流紋岩の柱状節理が風雨で丸く削られて地蔵の頭のように見える。

4 「せっぷん」手さぐり三八歩

輪島市の曽々木《そそぎ》海岸は能登を代表する景勝地だ。窓岩などの奇岩や断崖が次々と現れて、走っていて飽きない。

「恋人の聖地」というのぼりのわきに自転車をとめた。海岸の絶壁に近づくと、直径2・5メートルほどの暗い横穴が口を開けていた。1887年に掘られたという。手さぐりで歩き、38歩で反対側にでた。振り返ると、真っ暗な穴にハート型の紫の電飾が浮かんだ。

このトンネルの愛称は「せっぷんとんねる」という。曽々木海岸は、悲恋の映画「忘却の花びら」の舞台になった。主人公（小泉博）とヒロイン（司葉子）がこのトンネルで抱き合ったので、「せっぷん」の名がついたのだ。

地元で雑貨店を営む長岡栄一さん（79）は1956年、ロケ現場に通った。群がる観光客に「そこ、どけーっ！」と怒鳴り散らす監督に驚いた。「司葉子さんはきれいだったねぇ」

旅行者が押しよせた。2軒だった宿泊施設は40軒に増えた。海岸の国道は曽々木で行き止まりだったから、観光客はバスを降りて「せっぷんとんねる」をくぐり、400メートル先の珠洲《すず》市側まで散策した。

観光客はいま、最盛期の10分の1。通年営業する民宿は4軒に減った。「どの家も後継者がおらん。いろいろイベントをやって盛り上げようとしてきたけど、力尽きたって感じや」と長岡さんは嘆く。

「曽々木食堂」に入った。サザエやイカの入った「日本海カレー」を頼んだ。香辛料と磯の香りでごはんが止まらない。店で働く佐竹佳々子《よよこ》さん（61）は高校生のころトンネルをデートに使っていた。「映画のヒロインみたいですね」と言うと、「キスはしませんよ。手をつないで歩いただけよ」。照れて真っ赤になった。まもなく店長の谷元正信さん（60）と結婚するという。

ふたたび自転車にまたがった。2009年に完成した国道のトンネルをくぐると珠洲市だ。塩田で、男性が木おけで海水をまいていた。かやぶきの釜屋《かまや》の上に小さな虹がかかっていた。

砂を敷きつめた塩田に海水をまき、乾いた砂を沼井《ぬい》に集め、上から海水を注ぐと最大７倍の塩分濃度の鹹水《かんすい》がとれる。それを鉄釜で煮つめると塩になる。

5 満腹、海女のでまかせ定食

能登半島の先端に向かい、海辺の県道を走った。やがて、「電源立地」と書かれた掲示板がめだちはじめた。

珠洲市高屋町《たかや》は、2003年に計画凍結となった珠洲原発の予定地の一つだ。完成すれば約60軒の集落は消える運命だった。「南無阿弥陀仏」を唱える老人が座り込んで調査を阻んだ。いまは、浜辺にトンビの甲高い声が響く。

標高100メートルの椿峠《つばき》へ、息を切らせてペダルをこいだ。沖合に、海女《あま》がアワビをとる七ツ島が浮かんでいる。

峠につき「つばき茶屋」という赤い看板の店に入った。メニューは小石に書いてある。名刺もツバキの絵を描いた小石だ。「お金をかけたくないから海岸で拾ってきた石を使っています」。店主の番匠さつきさん(62)は笑った。

「でまかせ定食」(千円)を頼むと、大きな四角い盆の上に、歯がなくてもかみ切れそうなイカの丸焼きや、軟骨のコリコリした歯ざわりが独特のコッペ(エイ)の煮付け、アジの南蛮漬けなど8品も並んだ。その日にとれた魚と野菜を使うから毎日内容がかわる。だから「でまかせ」なのだ。

番匠さんは27歳まで輪島沖の舳倉島《へぐら》で海女をしていた。結婚して珠洲にきてからも夫と漁にでる合間に海に潜る。茶屋は、住民が語りあえる場をつくるため、元スナックの建物を借りて03年にオープンした。

深夜から漁に出て、昼前に上陸すると茶屋に直行する。重労働だが、もうけはない。それどころか光熱費の支払いで貯金も使い果たした。「父ちゃん(夫)が魚を提供してくれて、地元の人が助けてくれるからやれている。せめて経費ぐらいは稼ぎたいね」

娘のさとみさん(30)は5年前、乳飲み子を抱えて金沢市から帰郷し、母にならって海女もはじめた。「街では痛い目にもあったけど、ここの自然は絶対に裏切らない。磯で体育座りをして海を2時間眺めていても飽きない。30歳になって、住みつづける覚悟ができてきたかな」

満腹になって店を出た。さとみさんが手を振って見送ってくれた。半島北端の禄剛崎《ろっこうざき》まであと7キロだ。

その日にとれた魚と地元の野菜をつかう「でまかせ定食」が番匠さつきさんのおすすめ。小石に料理名を書いたメニューがユニークだ。

6 豆腐に凝縮、地域の誇り

瑠璃色の日本海を左に見ながら、能登半島北端の禄剛崎（珠洲市）へ向けて走った。

岬が近づくと平坦な道になり、田のあぜなどに多くのかかしが立っていた。腰をかがめた農婦のかかしを見つけて近づくと、いきなり振り返り、「あーちきねー！（ああしんどい）」と叫んだ。本物のおばあさんだった。サドルから転げ落ちそうになった。

ここ、珠洲市の横山集落の人口は約60人。「かかしと人の数がかわらん」と、地元の専業農家、二三味《にざみ》義春さん（67）は笑う。

稲作や葉タバコづくりを生業にする世帯が多かったが、1997年に、集落で「一村一品」の村おこしがはじまった。大豆の搾り汁を海水で固めてつくっていた「寄せ豆腐」を、お年寄りの指導で復活させた。イベントで販売して人気だったが、03年の長雨で大豆が全滅してしまった。

「うちの豆を使ったらどうや」。ある農家が黒いへそがある大粒の豆を持ってきた。二三味さんはかつて勤めた農協で見た覚えがあった。「大浜大豆」という在来種。味は抜群だが、収穫期が11月半ばで冬の出稼ぎに間に合わず、つくられなくなっていた。

「おもしろいがじゃないか」と直感し、栽培にとりかかった。サンプルを京都などの有名豆腐店に送ると「ええ豆や」と評価された。06年には収入の柱の葉タバコ畑8ヘクタールを大豆に切り替えた。つづく農家も出てきた。

豆腐は地元の塩田で海水を煮る際に出る黄金色のにがりで固める。「材料がすべて地元にあるのが強み。マスコミにでて『横山はええ集落だ』っていろんな人に言われるさかい、自信がつきました」

横山集落から1キロほど先の「道の駅狼煙《のろし》」で、その豆腐（350円）を買った。能登の塩をかけてほおばると、大豆のさわやかな甘みが口のなかに広がった。

二三味義春さんは、かつて葉タバコ畑だった山の上の開拓農地を大浜大豆に切り替えた。

大豆を砕いて豆乳にする機械。早朝の工房には青大豆のさわやかな香りがただよう。

7 挑戦の心、灯台が導いた

能登半島北端の禄剛埼灯台（石川県珠洲市）にたどり着いた。この灯台は１８８３年建造。高さ12メートルの石造りだ。歴史的な価値から、「日本の灯台50選」に選ばれている。

この岬の沖合を、かつては北前船が行き交った。ふもとの狼煙集落で祖父の代まで船大工だった建築業の新弘之《しんひろゆき》さん（77）宅には、墨で描いた北前船の設計図が残っていた。「あんたの先祖は沖を走る船の絵を描いて船をつくる参考にしとった。すごい人やった」。子どものころに近所の人に言われた。祖父はイワシ舟などをつくり、「台おろし」（進水式）には紅白の餅をまいていた。

灯台がある高台には１９６３年まで４世帯の灯台守《とうだいもり》が住んでいた。子どもたちはきれいな洋服を着て、見たことのないゲームを楽しんでいた。

新さんが中学生のころ、初代南極観測船になる前の「宗谷」が沖に停泊した。灯台への補給のためだった。小舟で近づけて縄ばしごで乗船すると、売店にはチューインガムやチョコなどハイカラな品が並んでいた。

灯台は都会への「窓」であり、狼煙集落にはかけがえのない観光資源だった。だが客数は最盛期の３分の１に減ってしまった。新さんらは盛り返すために「道の駅」づくりを計画した。「大浜豆腐」をヒットさせた西隣の横山集落と共同で09年に開業にこぎつけ、新さんは駅長になった。

「北前船や灯台のおかげで狼煙には新しいものに挑戦する心が育った。灯台がなければ道の駅もできんかった」

狼煙の人は横山の人を「爪に灯をともすようにして小金をため、大きなことは何もせん」と酷評してきた。逆に横山側は「なんもかも狼煙にとられる」と警戒した。海の民と農民の気風の違いだった。

だが両集落の人が手を結ぶことで、「豆乳ソフト」などの人気商品が生まれた。

再び自転車にまたがり、狼煙を後にした。薄暗い山をひとつ越えると、波静かな砂浜が見えてきた。

能登半島北端の高台にたつ禄剛埼灯台。1883年に建てられ、「日本の灯台50選」に選ばれている。1963年までは4世帯の灯台守が住んでいた。

「道の駅狼煙」の駅長、新弘之さんは先祖代々狼煙集落に暮らす。

8 マツタケ山、遠い思い出

輪島から禄剛崎までの能登半島の外海沿いは断崖の連続だったが、富山湾側に入り込むと波はおさまり、平地が広がる。風景が穏やかになる。

砂浜が約2キロつづく鉢ケ崎《はちがさき》海岸で一息入れると、雲が一瞬切れ、立山連峰が海のかなたに黒々と浮かんで見えた。

黒瓦の家が次第に増えて、珠洲の市街地に入った。町並みを抜けて右手の山に近づくと、巨大な盆栽のような一本杉が田のなかにあらわれた。

「倒《さかさ》スギ」。幹回り6・7メートルで、張り出した多くの枝が下に垂れている。樹齢は850年という。その裏手に、大きな瓦屋根の高照寺《こうしょうじ》がある。

「立派なお寺ですね。檀家さんが多いんですか?」。あぜで休憩していた夫婦に尋ねると、「なーも。檀家は20軒ぐらいや」。昔は裏山でとれるマツタケを農協に売って寺を維持していたという。「わしらが子どものころは、山に囲炉裏のある番屋があった。お寺の山はここらで一番よおけマツタケがとれたわいね」

海岸に塩田が連なっていたころ、山で集めた薪で海水を煮詰めた。地面に落ちた葉や枝も薪の束に詰めたから、山の土が露出し、乾燥を好むアカマツが生え、マツタケをもたらしたのだ。珠洲は石川県最大のマツタケ産地だった。

高照寺を訪ねた。

小学校の講師をしながら住職をつとめる中村明博さん(31)が迎えてくれた。祖父母の時代は山道沿いにもマツタケが生えたが、物心ついたころには70ヘクタールの山で10本程度しかとれなくなっていたという。山肌は下草や落ち葉におおわれ、今は年に2、3本しか見つからない。「番屋だった小屋ではよく遊びました。昔のようにマツタケがとれたらいいでしょうねぇ」

寺を後にし、黒瓦と板塀の家が連なる海辺の集落を西に走った。ほどなく軍艦の形の島が見えてきた。

県指定
天然記念物
倒（さかさ

9　一番のキリコ、目指して

珠洲市中心街から海岸沿いを15分ほど走り、軍艦島の別名がある見附島《みつけじま》の向かいの砂浜にたどりついた。高さ約30メートル。周囲を絶壁に囲まれた島は、モヒカン刈りのようだ。「えんむすびーち」と名づけられた浜の鐘の下でカップルが写真を撮りあっていた。

毎年8月7日に近くの浜で「宝立七夕キリコ《ほうりゅうたなばた》」の祭りがある。キリコは切子灯籠《きりこどうろう》のことだ。宝立の祭りでは、4階建てビルの高さの大キリコ6基と半分の高さの小キリコ2基が夜の海に入る。花火が夜空を染め、キリコは沖の大たいまつをめざす。能登では夏から秋にかけて約150カ所でキリコ祭りがあるが、宝立では1万人の観客を集める。

近くで民宿を営む田崎正彦さん（69）が子どものころ、大キリコは2基だった。20歳でマグロ漁船に乗り、40歳で帰郷したとき、周辺地区も参加して6基に増えていた。

45歳のとき、地元のキリコの新調を決意した。それまでのキリコは高さ13メートル、重さ2トン。鉄板を敷いて引きずって動かした。「引きずるのはみっともねえ。きれいに担げて、一番でけえキリコにするぞ」

仲間と山から木を切り出し、高さは6基で最大の14・5メートルにした。材料の工夫で重さは1・2トンに抑えた。翌年、100人の若衆が高々と担ぎあげると、つくった大工も「みごとやぁ」と涙を流した。

「祭りは地域の誇りやさけ、高さも見栄えも、担ぎ方のきれいさも意地をはって競い合うんや」。こんな心意気があるから、祭りの伝統が守られ、進化をつづけているのだろう。

見附島からさらに南へ走り、能登町の恋路《こいじ》海岸に着いた。2005年に廃線になった、のと鉄道の恋路駅のホームを訪ねると、ノートが置かれていた。「次は愛する彼氏と一緒に♡」「好きになってくれてありがとう。健一は私が幸せにする♡」と書いてあった。「のトロ」という足こぎ式のトロッコ列車も人気という。

高さ 14 メートルの大キリコが海中を乱舞する「宝立七夕キリコ」。花火とキリコの競演を見るため毎年約 1 万人が集まる。

10　能登丼の母、見つけた宝

カップルに人気の恋路海岸（能登町）を後に、３キロほど南に走って松波のまちに入った。20間（36メートル）四方もある名刹《めいさつ》、松岡寺《しょうこうじ》の巨大な本堂が高台にそびえている。ここ松波に「能登丼《のとどん》の母」がいることを思い出した。

能登丼とは、輪島塗などの能登の器に盛った地元産のコシヒカリに、旬の食材をのせる丼だ。能登には「越前ガニ」のような際だった名物がないが、魚も、肉も、山菜も、発酵食もある。この豊かな食材を生かす新名物として、２００７年に誕生した。ローストビーフや豆腐の丼もある。約50店がつくり、年間1億円を売り上げている。

松波酒造に若女将の金七《きんしち》聖子さん（38）を訪ねた。このひとが「能登丼の母」だ。官民でつくる能登丼プロジェクトのリーダーである。

「コンサルタント会社を使わず、行政の筋書きに頼らず、能登丼の定義もパンフレットづくりも素人が何十回も話し合って進めました。こうして今まで意識しなかった地元の魅力が見えてきました」

ズワイと香箱《こうばこ》ガニ（ズワイの雌）とベニズワイという3種類のカニが味わえることも、イワガキがあるから能登では1年中カキを食べられることもはじめて知ったという。

金七さんは中学生のころは地元が嫌いだった。排他的でプライバシーがない。自営業だからお盆も休めない。高校は金沢、大学は京都に出た。

だが、関西の友人を能登に呼ぶと風景や食べ物に感動する。さらに、能登丼で地元の魅力を再発見した。「長く住んでいても、さがそうとしなければ地元の宝なんて見つからんもんげんな」

にわか雨がぱらつくなか、再び自転車にまたがった。「いちばんたいせつなことは、目に見えない」という「星の王子さま」にでてくる言葉を思い出した。「さがそうとしなければ宝は見つからん」という金七さんの言葉をその後に置きたい。

松波酒造の若女将・金七聖子さん。コンサルタントに頼らず、ゼロからみんなで考えた能登丼プロジェクトは高校時代の「部活」の楽しさだったという。

11 「いしり」も「いさぶ」も

能登町松波のまちから小さな峠を越えると、海辺の集落に出た。浜辺で板張りの舟小屋が肩を寄せ合っていた。犬にほえられながらペダルを踏んでいて、ふと気づいた。能登の海は磯の香りがしないのだ。太平洋に比べて水がきれいなのだろうか。

水族館を併設する「のと海洋ふれあいセンター」に立ち寄ると、職員が「日本海は潮の満ち引きが小さいから、潮間帯の生物が少なく磯の香りがしません。潮干狩りもできません」と教えてくれた。

遊覧船が発着する九十九湾《つくも》を過ぎてトンネルを二つくぐると、全国有数のスルメイカの水揚げを誇る小木《おぎ》港だ。

裏通りにスナックや居酒屋が並ぶ。港に座っていた男性が、「昔は腹巻きに札束をはさんで飲み歩いた。飲み屋の前には1万円札がよお落ちとった」とサケ・マス漁最盛期をふり返った。

漁港わきで水産加工品を売る「カネイシ」の新谷《しんや》伸一社長(45)が子どものころは、漁船が目の前の浜でイカを水揚げした。取り除いた内臓をたるで塩漬けにすると、1年半後には魚醬《ぎょしょう》の「いしり」ができあがった。「内臓を活用できるのに加え、交通の便が悪くて醬油がないから、いしりをつくったんでしょう」

イカやイワシが原料のいしりは秋田のしょっつると香川のいかなご醬油とともに三大魚醬とされる。野菜炒めや煮物はもちろん、アンチョビがわりにパスタに使ってもおいしい。

小木には「いさぶ」という冬の珍味もある。かつてタラの延縄漁は、餌のイカをつけた延縄を水深200~300メートルに流して釣った。港にもどると、針に残った餌のイカ(いさぶ)をはずしてわけあった。ストーブの上で焼いたり、真水や大根おろしで煮たりして食べた。

延縄漁とともに約20年前に姿を消したが、2005年に完成した海洋深層水施設が、タラのすむ水深320メートルからくみ上げた海水にイカをさらすことで復活させた。

真水でゆでて口にすると、ふわりとした歯ごたえ、塩辛さのなかに甘みがある。冷えて固まった煮こごりを白飯にかけると薄紅色に染まった。

深い入り江の小木港は天然の良港だ。昔はタラ漁、200 カイリ問題が起きるまでは北洋へのサケマス漁で栄えた。

イカの内臓を漬けた巨大なタンクと「カネイシ」の新谷伸一社長。小木ではイカが原料だが、輪島ではイワシでつくり「いしる」と呼ぶ。

12 縄文時代は終わらない

能登半島の富山湾側は、深い入り江が連続している。その入り江のひとつ、能登町の姫《ひめ》という集落に着いた。

波ひとつない湾のほとりで、女性二人が立ち話をしていた。「写真を撮らせてください」と声をかけると、「ばあさんじゃなくて本物の姫を撮れ！」と逃げてしまった。

能登の入り江には、縄文時代から人々が定住していた。その痕跡のひとつが、姫の西隣の真脇《まわき》にある真脇遺跡だ。廃線になったのと鉄道の縄文真脇駅跡に上ると、丸太を半割りにした柱が円状に立つ環状木柱列《かんじょうもくちゅうれつ》が見える。その脇の真脇遺跡縄文館を訪ねた。

出土物のコーナーに、イルカやクマ、ムササビ、アシカなどの骨が並ぶ。食べられたあとだ。究極のジビエである。フグの骨も多い。「毒で何人も死んだでしょう。チャレンジャーがいたからフグの卵巣をぬか漬けにする能登の食もできたんでしょうね」と高田秀樹館長（54）は語る。

真脇遺跡は１９８２年に発見された。大量に出土したイルカの骨などが縄文人の食生活を探る手がかりになった。

高田さんはこの年、旧能都町の高校に教育実習に来て発掘を手伝い、その後、町役場に就職した。当時の役場は「やっと騒ぎが終わった」というムードで、遺跡は埋めもどされてしまった。だが89年に国史跡に指定され、91年に出土品が重要文化財になった。98年に発掘を再開したらムラのリーダーの墓が見つかって再び大騒ぎになった。

高田さんは、縄文時代の道具と材料で住居を建てる実験を計画している。「本当はイルカを当時の道具で解体して食べたいけど、このご時世じゃ、許されんでしょうねぇ」

発掘は30年たったいまも続いている。「遺跡はいつも動きがないと忘れられて死んでしまう。遺跡を遺跡にしちゃいかんのです」

ちなみに能登の漁師は１９７０年代までイルカを食べていた。定置網に迷い込むクジラは今もごちそうだ。

高さ7メートルのクリの木柱10本を立てて復元された環状木柱列と、真脇遺跡縄文館の高田秀樹館長。

13 自前の味からイタリアン

能登町役場がある能登半島有数の漁港、宇出津《うしつ》のまちから、海沿いの国道を西に走ると、藤波《ふじなみ》、波並《はなみ》、矢波《やなみ》という集落がつづいた。

総称して三波《さんなみ》と呼ばれている。国道と並行する旧・のと鉄道の軌道跡は雑草だらけだったが、波並駅跡にはサクラが植樹されている。人の手が入ると風景がやさしくなる。

矢波集落の裏手の坂をのぼり、海を望む高台にある「民宿ふらっと」を訪ねた。

オーストラリアでイタリア料理のシェフをしていた、ベンジャミン・フラットさん(48)は、日本語講師だった船下《ふなした》智香子さん(44)と出会って1996年に来日し、義父母が営む民宿「郷土料理の宿さんなみ」(2011年閉店)を手伝った。畑を耕し、海藻を採り、カツオ節やいしり(魚醤)をつくる。たるで2年間漬けたイワシの糠漬けは青光りして独特のうまみを醸す。調味料までも手づくりする能登の味に驚いた。

97年に「ふらっと」を開き、義父母の味を応用した「能登イタリアン」をつくっている。

イモとタコをいしりで煮る料理を参考にして、いしり味の冷製ジャガイモスープをつくった。タラの卵をからめたソースをかける「タラのグリル」は、タラの刺し身に卵をまぶす伝統料理「タラの子つけ」から着想を得た。

工夫の積み重ねと人のつながりが能登の味を進化させてきた。自前の食材と調味料を使うことを義父は「あたりまえのこと」と言う。義母は食材や調理法を手帳に細かく記し、ご近所との情報交換を絶やさない。「素材からつくるのは楽しい。能登に来て料理観が変わりました。18年もたつけど、お母さんの料理には驚かされつづけています」

最近はベンジャミンさんが近所の人に伝統料理の作り方を教えることもあるそうだ。

民宿を後にし、自転車にまたがった。海辺の路地を進んだ。波の音がひたひたと耳に飛び込んできた。

富山湾を望む高台にある民宿「ふらっと」。ベンジャミン・フラットさん（下）は、能登の伝統的食文化をアレンジした「能登イタリアン」を提案している。

14 縄文焼ランプ、集落明るく

能登半島をひと回りする国道２４９号は、能登町鵜川《うかわ》で海辺から急に曲がって内陸に入る。私は国道を離れ、海辺に忠実に続く細道を走った。静かだった。ときおり、魚のはねる音が聞こえてきた。

突然、後輪が上下に揺れた。パンクだ。タイヤの側面が５ミリほど裂けていた。裂け目をふさぐテープがない。切り取ったノートの表紙をタイヤの内側からあてて裂け目をふさぎ、チューブを替えた。

穴水町《あなみず》に入り、曽良《そら》という集落に着いた。入り江が家並みに深く切れ込み、「ベネチアのようだ」と語った外国人旅行者がいたという。樹齢７００年のシイの巨木がある千《せん》手院《じゅいん》という寺に「縄文未来研究会」の看板がかかっていた。

ここで「縄文焼」をつくる新出《しんで》良一さん(73)は１９８８年、旧能都町(能登町)役場で、高さ４・５メートルの「世界一の縄文土器」づくりを担当した。清掃工場に異動になると、ゴミ焼却の熱で縄文土器を焼いた。退職後の08年に千手院に制作拠点をかまえた。

天領だった曽良では、12歳の男児が托鉢する「寒修行」や「曳山《ひきやま》祭り」などの伝統行事が盛んだったが、過疎とともに大半は消えてしまった。

曽良を元気づけたいと、新出さんは09年８月、縄文焼や竹のランプシェード５００個を「盆灯(ぼんとう)」として千手院の境内にともした。翌年は千灯に増え、３年目には地区をあげて取り組む行事に育った。

ろうそくを立てるカップ洗浄をお年寄りらが担う。「盆灯」にあわせて帰省してくる人も増えた。「昔のにぎわいを取り戻そうって、年寄りがこぞって立ち上がった。一人ひとりが動くことで雰囲気が明るくなってきました」

曽良には地元のカブとサバを漬ける「かぶらずし」という名物がある。酒のつまみに最高だが、これは冬限定だ。新出さんと別れ、先を急いだ。１時間ほどで元の国道２４９号に戻った。やがて、カキ養殖のイカダが浮かぶ中居湾が見えてきた。

地元の女性に縄文焼のランプシェードづくりを指導する新出良一さん。

15 ボラ狙うやぐら、復活

穴水町の中居湾に、ピラミッド型に丸太を組んだ奇妙なやぐらが立っている。

「ボラ待ちやぐら」だ。明治時代に能登を訪ねた天文学者パーシバル・ローエルは「怪鳥ロックの巣」と表現した。高さ10メートルのやぐらの上でボラを発見したら網を揚げる素朴な漁法がいまも続いている。

国道から中居地区に入ると鋳物の資料館がある。ここは江戸時代に海水を塩田で煮詰めるための鉄釜づくりで栄えたが、高岡（富山県）の鋳物との競争に負けて、明治になって衰退した。職人は型づくりの技術を生かして左官に転じ、全国で活躍した。その稼ぎで、中居で格子戸の屋敷や土蔵のまちなみが生まれた。

松村政揮《せいき》さん（66）は5人兄弟全員が左官だった。大阪万博の工事では1日5万円を稼ぎ、腹巻きに30万円を挟んで北新地を飲み歩いた。「男はほとんど左官になった。マツダのクーぺちう車を買って、楽しい時代だったねぇ」

新建材の普及で左官の仕事がなくなると、大学進学で都会に出る若者が増えた。空き家が増え、唯一の造り酒屋も売りに出されてしまった。

松村さんは１９８０年ごろに漁師に転じ、カキ養殖やナマコ漁をはじめた。「大阪にいたらカネはたまるけど、人混みのなかでつまらん人生だったと思う。漁師は体はきついが、おおらかで楽しいよ」

まちおこしのために２０１２年、ボラ待ちやぐら漁を16年ぶりに復活させた。ボラは刺し身をごはんにのせ、お茶をかけて白く縮んだのをわさびしょうゆで食べるのがお勧めだという。ボラ料理店づくりも計画しているそうだ。

最近、この中居地区からヒーローが誕生した。大相撲の遠藤だ。中居から20分ほどの穴水町の中心街にある「福寿司」は遠藤が幼いころから通う寿司店だ。遠藤は刺し身を山盛りにした「能登丼《のとどん》」と大トロが好物という。

高さ10メートルのやぐらの上から網のなかにボラが入るのを確認したら網を引き揚げる。この漁法は1996年に一度消えたが、2012年に復活した。

16 元力士の店、飯炊き生きた

穴水町の中心街を抜け、海岸沿いの国道を走っていると、2両編成の気動車とすれ違った。のと鉄道七尾線《ななお》だ。

奥能登の輪島―穴水間などは廃線になったが、穴水から七尾の約33キロはいまも現役。七尾でJRと接続している。軌道に砂利がしかれ、レールは黒光りしている。奥能登の廃線跡も風情があったが、生きた鉄路はやはり美しい。

左手の海には、能登島《のとじま》が浮かんでいる。周囲約72キロ、3000人ほどが暮らす島だ。

穴水の中心街から約1時間で七尾市に入った。木造平屋建ての西岸駅《にしぎし》に立ち寄った。温泉旅館で働く女子高生を描いたアニメ「花咲くいろは」の「湯乃鷺駅《ゆのさぎ》」のモデルだ。ホームの駅名標には「ゆのさぎ」と記されている。

近くの飲食店「時葵《ときあおい》」に入った。「冬はカキ、夏はイワガキがおいしいよ」と店主の山下照夫さん(58)。身がつまったイワガキは口中でとろけて濃厚なミルクのようだ。

私が東京の葛飾出身と言うと「オレも両国にいたよ」。もしかして……。「時葵」は力士時代のしこ名なのだ。

中学を卒業して相撲部屋に入ったという。朝4時から深夜まで給仕や洗濯にこき使われた。兄弟子の下着をたらいで洗うのは脇を締める修業だった。後輩ができると逆に楽しくてやめられなくなる。親方とともに黒塗りのハイヤーで料亭に招かれる。「幕下だって酒も何も全部ただ。でも自分がえらいと勘違いすると、頭を下げられなくなって後々苦労するんです」

稽古をしても太ることができず、23歳のとき幕下で引退。建設現場で食事をつくり、焼き鳥店で働き、27歳で帰郷した。「十両まで上がると肩書がじゃまして地元に帰れない人も多い。飯場の飯炊きが勉強になったねぇ」

斜張橋のツインブリッジのとで能登島に渡り、8キロ南の能登島大橋で本土側に戻ると和倉温泉だ。「プロが選ぶ日本のホテル・旅館100選」で34年連続1位の加賀屋が有名だが、この日はビジネスホテルに泊まった。

「時葵」を営む山下照夫さん。夏のおすすめは、肉厚で濃厚なイワガキ（下）という。

17 ありがたい観音様の島

能登最大のまち、七尾市の市街を抜けると火力発電所が立つ埋め立て地が広がる。さらに5キロ走ると石油ガスの国家備蓄基地がある。だが、峠を東側に越えた鵜浦《うのうら》地区は、黒瓦の寺と板張りの家がならぶ静かな漁村である。

民俗学者宮本常一が1942年に訪れ、米を使わずタラの身だけをつき砕いて飯状にした「鱈飯《たらめし》」をふるまわれたと「食生活雑考」に記した。どんな食べ物なのだろう。

古びた雑貨店から笑い声がもれてきた。自転車をとめておじゃました。約60年前に婦人会が開いた唯一の商店だ。

鱈飯について聞くと、「昔はつららみたいに軒にタラを干していて、田植えどきに食べたけど、鱈飯は聞いたことねえ」。70歳から94歳までの8人の女性が首をひねった。

「鵜浦の名物は?」と尋ねると、「なーんもねぇ。ジジババしかいねぇ」。だがそのうち、鵜浦の岬の先端の「観音島」について、辻ちよさん(94)が語りはじめた。

「沖で台風にあって、何も見えんがになって覚悟したら『こっちこーい』って観音様があらわれて、そっちだけ海が静かになって助かった人がおる」。まるで旧約聖書のモーゼの奇跡だ。「伊勢湾台風でも、観音様の島は波の上に浮きあがって無事やった」

40年前の火力発電所計画は集落ぐるみの反対運動で撤回させた。「観音様のおかげかもしれん」と別の女性。過疎が進む一方で、地元の定置網の会社には県外から3人の若者が就職した。「それも観音様のおかげや」

その観音様を訪ねた。岬の先端に浮かぶ周囲約300メートルの島に渡ると、無人の観音堂は昼なのに裸電球がともっている。七尾湾に入る船の目印として、昔から昼夜明かりを絶やさないという。

帰途、もう一度店を訪ねた。電灯はついているが、人っ子一人いない。ごちそうになったコーヒー牛乳の紙パックが机の上に転がっている。

女性たちはどこに消えたのだろう。もしかして観音様だったんじゃなかろうか。

不思議な静けさを感じながら鵜浦を後にした。

婦人会が開いた集落で唯一の雑貨店は、住民たちの井戸端会議の場になっている。左が94歳の辻ちよさん。

18 全国つなぐ、九転十起の男

富山湾沿いに七尾市を南下していくと、道沿いにブリの石像や壁画が現れる。まもなく県境を越え、寒ブリ漁で有名な富山県氷見《ひみ》市に入った。

10キロほど走ると、道ばたに「京浜工業地帯の父」という看板があった。戦前の浅野財閥を築いた浅野総一郎（1848〜1930）の生誕地なのだ。そばに、富山湾を見渡すように銅像が立っている。

近くの阿尾《あお》漁港に「帰望郷館《きぼうごうかん》」という板張りの古びた建物がある。20畳の部屋が3つあり、8本の柱は直径50センチの能登のアテ（アスナロ）だ。沖の定置網を監視する「番屋」で、約100年前に建てられた。ここでは、セメントや石油、造船と多くの会社を興し、京浜工業地帯の埋め立てを進めた浅野の業績を紹介している。帰望郷の名は、故郷に戻れなかった浅野の思いをくんでつけられた。

「九転十起《きゅうてんじゅっき》の男」。浅野はこう呼ばれ、前半生は苦難の連続だった。明治の動乱や火災で起業と失敗を繰り返し、そのつど立ち上がった。

巨額の借金のため23歳で夜逃げ同然にこの故郷を出奔している。その肩代わりをしたのが地主の山崎善次郎。善次郎から四代下の子孫の健さん（68）はいま、地元で浅野の顕彰活動の先頭に立つ。

神奈川県知事をはじめ、ゆかりの自治体や企業関係者が帰望郷館を訪ねてきた。サザエや氷見牛を囲炉裏でふるまい話し合う。「銅像建立の寄付集めをしたときに、『うちのじいさんは金を返してもらっていないと言い残して死んだ。返すのが先じゃないか』と言う人もいた。だが、浅野を通して全国の人とつながれる。その人たちを精いっぱいもてなすことが氷見のためになる。損して得とれです」

山崎さんは地元の定置網組合の役員を務める。幼いころには、漁師はコールタールをつけたわら網で漁をし、これは海で腐ると魚の巣になった。環境にやさしい漁業だった。それがナイロンの網に変わり、腐らないから船のスクリューにからまる事故が増えているとも言った。

古い漁師番屋に開いた「帰望郷館」では、浅野総一郎の業績を紹介している。山崎健さんは、浅野の借金の肩代わりをした大地主の子孫だ。

旧福浦灯台

石103
IK2-51
海士町

ゆのさぎ
湯乃鷺
YUNOSAGI
もりた
守田
おおつか

19 協力が生んだ新接着剤

氷見市は漫画家の藤子不二雄（A）さんのふるさとである。商店街に怪物くんや忍者ハットリくんの人形が並ぶ。ちなみに隣の高岡市は藤子・F・不二雄さんのふるさとだ。運楽しい気分で商店街を走り抜け、砂浜の海岸にでた。運がよければ、ここから富山湾越しの立山連峰が望める。

海沿いを南東へ約10キロ走ると、円筒形のタンク群があらわれた。高岡市の伏木《ふしき》港だ。

古代には越中の国府が置かれ、国守として大伴家持《おおとものやかもち》が赴任していた。望楼《ぼうろう》がある北前船の船主の館や地元実業家が明治時代に建てた旧測候所もある。歴史の重なるまちだ。

港まちは曲がりくねった小道が多く、方向感覚が狂ってしまう。地図データを入れた登山用GPS端末で現在地を確認しつつ自転車をこいだ。

JR伏木駅の隣の東亜合成の工場の壁に「アロンアルファ」とあるのをみつけた。有名な接着剤の製造拠点だ。

まちの歴史を教わりに、地元の自治団体の古市《ふるいち》義雄会長（83）を訪ねた。古市さんはひとしきり語ったあと、「私はアロンアルファにも関わりました」と言った。

半世紀前だった。高岡工場廃止の方針がだされ、労組幹部の古市さんは反対の先頭に立った。そんなある日、名古屋の研究所の同僚から「新しい接着剤を開発している」と聞いた。作り方をこっそり教えてもらって研究を進めた。

新製品が工場の生き残りにつながると思い、社長に高岡での製造を直訴した。採算への不安はあった。だが、「充填する機械はいりません。手作業でやるから」と社長を説得。通常の勤務が終わったあと、籠に盛ったプラスチック容器に2グラムの液体を詰める作業をした。工場長からヒラ社員まで全員がサービス残業だった。

「伏木では、測候所を地元で建て、寺の修繕もみんなでカネを出し合ってきました。協力しあう気風だからアロンアルファは生まれ、工場は残ったのです」

瞬間接着剤アロンアルファが生まれた東亜合成の高岡工場。労組幹部だった古市義雄さん（下）はその開発と製品化にかかわった。

20 学ぶ問屋、銅器の町にあり

高岡市の伏木港から中心街までは内陸に約6キロ。ほぼ一直線の道だ。海岸線を離れ、寄り道をすることにした。

中心街には、土蔵づくりの商家がつらなる山町《やまちょう》筋、千本格子の町屋の金屋《かなや》町という二つの古い町並みが残っている。このうち、高岡の銅器産業の発祥の地である金屋町の方を訪ねた。

城主だった前田利長が1611年、ここに鋳物師《いもじ》7人を招いて鍋釜や農具をつくらせた。それが高岡銅器に発展。全国の二宮金次郎像の9割が金屋町産だった時期もある。

町屋をのぞくと、母屋の奥に中庭や土蔵がある。さらに奥に作業場があったのだという。作業場から火が燃え移るのを防ぐための家屋構造だ。

町屋風のギャラリーに入った。洋風の食器やインテリアがならぶ。問屋12社が協力して「KANAYA」という新ブランドを立ち上げた。「現代にあう商品をつくる新しい運動です。ブランドの信用が大事だからトヨタのレクサスと同様、値引きはしません」。高岡銅器協同組合の駒澤義則理事長（66）は言った。

父親は公務員だったが、駒澤さんは伝統産業に魅力を感じて銅器問屋に就職し、2年後に独立した。同時期に十数人が独立したが、10年後に残ったのは駒澤さんだけ。「銅器の専門知識を学ぼうとせず、ギフト店の代理店をした人たちは早々に廃業しました」

いまはデザイナーが工場と直接取引することが増え、問屋の地位が低下しているが、駒澤さんは悲観していない。

銅器は、鋳造、彫金、着色……と複雑な分業でつくられる。得意分野が異なる職人を問屋が組み合わせ、商品を生みだしてきた。「職人の情報収集の範囲は限られている。問屋は単なる仲介業者ではなく設備のないメーカーなんです。でも生き残るにはアンテナを高く張って勉強しつづけないといけない」

伏木港まで戻り、海岸線をまた東に向かった。

千本格子の町屋がならぶ金屋町は、高岡の銅器産業発祥の地だ。壁に銅板をはってある町屋も多い。

ワインクーラーなど現代風の銅器について説明する
高岡銅器協同組合の駒澤義則理事長。

21 どぶ川再生、日本のベニス

高岡市と射水《いみず》市の市境一帯で、小矢部《おやべ》川と庄《しょう》川が並行して富山湾へ注いでいる。

高岡市伏木からまず小矢部川を渡るとモノトーンの工業地帯になる。鉄道の引き込み線が工場に延びている。小さな駅のベンチでひと息つくと、昭和の京浜工業地帯を思い出した。

さらに庄川を渡ると住宅地に変わる。この住宅地を東西に流れる内川《うちかわ》という運河沿いに自転車を押して歩いた。

板壁の民家の合間にお堂があった。運河には漁船がつながれている。日本のベニスと呼ばれているそうだ。カフェのある「川の駅新湊《しんみなと》」で、射水市の紺屋町《こんやまち》自治会の手林《てばやし》久芳会長（73）と落ち合った。

延長2・6キロの内川の東端にかつて北前船の寄港地の放生津潟《ほうじょうづ》があった。干潮時は潟からの淡水に近い水が川を満たし、満潮時には透き通った海水に入れ替わった。子どもたちはウナギやカニをとって遊んだ。

ところが1967年、放生津潟を富山新港に造成するために港口が切り開かれた。潟と海の高低差がなくなって内川は流れがとまり、悪臭を放つどぶ川に変わった。「大学を卒業して帰ってきて、汚さに驚きました。当時は下水もごみも川に捨てていました」と手林さん。

水質浄化がはじまったのは80年ごろ。運河の西端で、ポンプで庄川の水を導入し、散策道が整備された。朝、漁から帰った漁師が運河沿いの番屋で朝食をとる。昼はお年寄りが散歩をする。「汚れても人々の生活と密着していたから、昭和レトロの雰囲気が残ったんです」

私は、大学時代に訪ねたインドのガンジス川を思い出した。排泄物や動物の死骸が流れ、清潔にはほど遠かったが、人々が沐浴《もくよく》する夜明けの風景は美しかった。どぶ川とベニスやガンジスとのちがいは、生活との距離にあるのだろう。

富山新港の港口に着いた。港口をわたる新湊大橋の高さ47メートルの歩道「あいの風プロムナード」を自転車を押して歩いた。工場群が見えた。巨大港湾に、万葉集にうたわれた潟の面影はない。

放生津潟と日本海を結ぶ内川。一時はどぶ川になっていたが、水質が浄化され、散策する観光客も増えている。手林久芳さん（下）が子どものころはよく泳いだという。

22 水が織りなす懐かしさ

富山新港の港口をわたり、20分ほど走ると富山市だ。さらに15分で神通川《じんずう》を越えた。

神通川の東側に並行する富岩《ふがん》運河にパナマ運河のような「中島閘門《こうもん》」があると聞いていた。かつて訪ねたパナマが懐かしくなり、立ち寄った。

木々が影を落とす運河を5分ほどさかのぼると、幅9メートルの石積みの水路に、約100メートル離れて二つの門扉があった。まもなく観光船が上流から門扉の間の「閘室」に入った。閘室内の水を放出し、6分間かけて2・5メートル低い下流の水位まで船をおろした。

懐かしい光景に満足して、神通川河口のまちの岩瀬に向かった。北前船の回船問屋の屋敷が軒をつらねる。竹のすだれの格子を備えている。

裏手にまわると、洋品店の軒下にカヌーがつってあった。私も以前にカヌーを持っていた。店主の水へのこだわりを聞こうと訪ねた。

重松《かさまつ》栄一さん(66)。富山市繁華街で老舗洋品店「天下堂」を営んできたが、1992年に客もまばらな岩瀬に支店を開いた。運河の開発計画がきっかけのひとつだった。

一時は埋め立ての話もあった運河だが、富山県は親水公園化を計画した。野鳥が群れる空間をコンクリートで固める計画に重松さんらは疑問を感じた。「貴重な自然を残して」と県に訴え、運河をカヌーで下るイベントを毎年企画した。閘門は98年に国の重要文化財になり、周辺環境も保たれた。水を汚染しないよう電動の遊覧船が導入された。

重松さんの店には、冷房がない。風を導くように窓の配置を工夫している。「自然の力を利用して船を上下させる中島閘門は、水を守り、自然と調和して生きていくことの大切さを教えてくれます」

岩瀬は、JR富山駅からだと路面電車で20分。レトロなまち並みに加え伝統行事も色濃く残っている。

中島閘門は、神通川の東に並行する富岩運河の中流にある。自然の力を利用して、エレベーターのように船を上下させるシステムはパナマ運河と同じだ。

23 宿場町、人つなぐ明かり

富山市から県東部の入善《にゅうぜん》町までの44キロを結ぶ「しんきろう自転車道」という県道のサイクリングロードがある。

富山市の神通川河口部から5キロ東の常願寺《じょうがんじ》川まで、この道を走ってみた。松林を吹き抜ける潮風が心地よかった。常願寺川を渡ると富山市水橋《みずはし》のまちだ。散策すると、「売薬先人の銅像」があった。ここは薬売りの里なのだ。かつては丸薬を籠にならべ、天日干しする光景が見られたという。

まもなく滑川《なめりかわ》市に入った。旧北陸街道の宿場町だ。屋根に望楼のある旧酒造店や書院造りの民家、床屋や陶器店、仏壇店、お茶屋と、レトロな建物がならぶ。その多くは営業していない。

「ベトナムランタンまつり」というポスターを見つけた。なぜ「ベトナム」なのだろうか。滑川市観光協会の広橋和親さん（52）を訪ねた。

高岡市の会社員だった広橋さんは２００６年に妻を亡くし、「お母さん！」と毎晩夜泣きする幼子二人を育てた。失職しまちづくりのボランティアをしていたとき、まちづくり会社に誘われた。

ある日、ベトナムでホテルの営業部長をしている日本人女性を滑川で案内した。「ホイアンにそっくり。ベトナムフェアを滑川でやりたい」という。よくよく話すと女性は中学の同級生だった。

世界遺産のホイアンは17世紀に日本人町ができた。滑川のように、袖壁をもち間口が狭く奥に長い家が多い。富山県の補助があり、２０１０年にはじめてベトナムのランタン１００基をともす祭りを催した。５年目の14年には歩行者天国にしてシクロ（三輪の自転車タクシー）を走らせ、３００基のランタンが町を彩った。

「妻を亡くしてどん底だったとき、まちの人がおかずをわけてくれたりしてくれた。恩返しのつもりのまちおこしでした。子どもが誇れるまちにしたいと思っています」

広橋さんは学生時代は自転車同好会で、北陸を走り回った。「滑川のまちは自転車で散歩するのにもぴったり。自転車好きの人にも来てほしいですね」

旧北国街道沿いにある、国の登録有形文化財の「旧宮崎酒造」。江戸末期の姿に復元されている。

24 米騒動、白壁に残る面影

早月川《はやつき》をわたって魚津市《うおづ》に入った。海辺を2キロほど走ると、「米騒動発祥の地」という案内の白壁の蔵があった。

1918年、米の高騰に悩む漁師町の女たちが「十二銀行」のこの米蔵前に集まり、北海道行き輸送船への米の積み込みを阻止した。これが米騒動だ。騒動は全国に波及し内閣総辞職にまで発展した。

騒動後、役場が米を貧しい人に安く分配する、社会福祉につながる制度が各地でつくられた。37年には、米蔵の近くで婦人会が保育園を開いた。保育料が1日3銭だから「三銭学校」と呼ばれた。

いまは魚津保育園になり、道路まで園児の声が響いてくる。村西真理子園長（57）が78年に赴任したとき、魚の加工場で働く母親らは割烹着姿で子どもをつれてきた。「いたずらしたら容赦なくしかって」と厳しさを求めた。「悪いことは許さない、という正義感が強くて、地域のつながりが濃い。米騒動のころの雰囲気が残っていました」

ガス会社を経営する慶野《けいの》達二さん（70）は保育園のOBだ。当時の大人たちは米騒動の話題を避けていた。「女だてらで騒いで」と、むしろ恥ずべき歴史と思われていた。

米騒動に興味を示す旅行者に刺激され、2008年に「米蔵の会」をつくった。連続シンポジウムを開き、本も出した。

「米騒動が福祉制度の原点だと知って目を開かれました。権力に負けず米騒動を全国に発信しつづけた井上江花《こうか》というジャーナリストが県内にいたことも知りました。郷土の歴史に誇りをもてるようになりました」

蜃気楼で有名な海岸を、対岸に黒々と横たわる能登半島を眺めながら走った。

片貝川《かたかい》を渡ってすぐの石田浜（黒部市）は明治期は約60隻の帆船でにぎわった。いま当時の面影を残すのは1棟の土蔵だけだ。

魚津漁協のレトロな建物。近くに、特別天然記念物「魚津埋没林」を見学できる博物館がある。

２５ 「魚の駅」、北洋漁業の歴史

河床《かしょう》勾配の平均が８・５％という日本屈指の急流の片貝川をわたると、魚津市から黒部市に入る。６キロほど走ると「魚《さかな》の駅　生地《いくじ》」に着いた。

隣のくろべ漁協に「返還　北方領土」という大きな看板が掲げられていた。黒部市は北方領土からの引き揚げ者が北海道以外で一番多いのだ。

店頭に、ミズガンコやタナカゲンゲといった珍しい魚がならんでいた。「対面販売で食べ方や食文化を伝えることで20種近い未利用魚を扱うようになりました」。富山《とみやま》俊二支配人（62）は胸を張った。

かつて生地は北洋漁業の拠点で、富山さんの父もサケマス漁船の船頭だった。北の海から帰ってくると、ごちそうが食卓に並んだ。温泉旅館から通学する羽振りのよい友人もいた。

１９５８年５月５日、５歳の富山さんが遊んでいると、家にカメラマンが押し寄せた。「父ちゃん、死んでんぞ」。乗組員５人全員が海に消えた。北海道で葬儀に参列した。「遺体が揚がらないから、ある日ひょっこと帰ってくるんじゃないかって、大人になっても思いつづけてました」

１９４７年から78年の間に、生地の漁師１４３人が北洋で亡くなっている。54年５月９日の道東沖では、サケマス漁船２２０隻中38隻が遭難し、３３３人が一度に犠牲になった。うち１２９人が富山県人だった。

富山さんは小学４年から早朝に浜で網を引いた。家で食べるほかは魚屋に売って家計を助けた。大学を出て漁協に就職。そのころ北洋漁業は相次ぐ遭難で衰退し、その後は近海の漁もふるわなくなっていった。

量販店が牛耳る流通ルートは漁業者の取り分が少ない。富山さんは漁協参事として秘策を練った。二束三文の小アジを一夜干しにして漁協で直販したら好評で、それが04年の魚の駅設立につながった。

いま魚の駅は年間４億円を売り上げている。「９割は地元産だけど、昔からつながりの深い北海道のものもあります。北洋漁業とつながる歴史も含め、この浜の食文化を発信していきたいと思っています」

4月に生地を再訪し防波堤を歩くと、雪をかぶった立山連峰が海越しにそそり立っていた。

「魚の駅　生地」の富山俊二支配人。併設のレストランでは地元の魚を味わえる。

26 清水の恵み、まちの魅力

黒部市生地《いくじ》のまちを自転車で散歩した。絹の清水、弘法の清水。清水「しょうず」と読む共同水場があちこちにある。四つの水槽が並び、水源から遠い水槽で洗濯、手前ですすぎ、さらに手前で食器を洗う。一番上は果物などを冷やす。

水温は年中11度前後。味わっていたら、女性二人がペットボトルを持ってくみにやってきた。炊飯やお茶に使うという。「金沢のわき水も飲んだが比べものにならん」「有名な瓶詰の水を勧められたけど、いつのかわからん水は飲めん」と言った。生地では水にまで鮮度を求めるのだ。

漁具倉庫を改造した「北洋の館」という名のギャラリー兼休憩所を訪ねた。

くろべ漁協組合長の松野均《ひとし》・丸中水産社長（65）が迎えてくれた。同社は松野さんの祖父が樺太で１９０９年に創業し、かつては北洋で7隻を運航してタラやサケ、マスなどをとってきた。いまはサンマ船1隻を所有している。

松野さんは97年、ＹＫＫの会長に誘われて「まちづくり協議会」に参加した。当時、合併前の旧黒部市にめだった観光地はなかった。黒部の名がついていても、黒部ダムが市内にあるわけではない。

協議会でまちづくりの専門家を案内した際に、美しい町と勘違いされないよう、乱雑な路地をわざとつれ歩いた。それが好評だった。とりわけ清水では「本当に飲めるの？」と驚いていた。「私らは飲めるのが普通と思っていた。歴史や生活を意識することでまちの魅力が掘り起こされるのに驚かされました」

松野さんは東日本大震災の津波で宮城県・気仙沼港に係留していたサンマ船を失った。廃業を考えたが、乗組員の強い希望で3億円を借金して船を再建した。「たたかい続けないと物事は残らない。それをやめたら去るしかないと実感します」とも言った。

生地から黒部川をわたると、ジャンボスイカで有名な入善町《にゅうぜんまち》だ。さらに海辺を1時間余り走り、富山県東端の朝日町に入った。

生地だけで600カ所も湧いている清水。共同の水場があちこちにある。北アルプスからの伏流水は夏は冷たく、冬はあたたかい。

27 波打ち際、無心で宝探し

富山県の東端、朝日町のJR泊駅近くの旅館前に「泊・横浜事件端緒の地」の石碑を見つけた。1942年、政治学者細川嘉六《かろく》が郷里のこの地で開いた宴会が共産党再建準備会とされ、出版・新聞人ら約60人が逮捕、4人が獄死した言論弾圧の冤罪事件だ。

石碑をあとにして東へ向かった。山が海に迫り、道路と鉄路と松並木が狭い海岸に集まる。ヒスイ海岸に着いた。

JR越中宮崎駅前で、ヒスイ採り名人の扇谷《おうぎや》誠さん(77)と落ち合った。扇谷さんは海岸に足を踏み入れて5歩。ひょいと小石を拾った。

「ヒスイです」

波打ち際では波が引くたびに腰をかがめる。「これはメノウ。サファイアもありますよ」。私も拾ってみた。角張っているつややかな石。これこそと思ったが、「普通の石です」。ポイと捨てられた。

「波が荒いと大物が狙えます。昔はこんなのも」と、ウエストポーチからこぶし大のヒスイをとりだした。

中学卒業後に朝日町の映画館の映写技師になり、かつては「映画館のあんちゃん」と呼ばれていた。仕事のない昼に海岸できれいな石を拾い集めた。それがヒスイと知るのは約40年前に勾玉《まがたま》工房跡の遺跡が見つかってから。「海の底にヒスイがあると、そのまわりだけがボーッと明るい。欲深いとダメ。無心じゃないと大きいのは見つからんよ」

ヒスイ海岸にはもうひとつ名物がある。

扇谷さんが子どものころ、漁船が浜で水揚げを終えると、漁師は大鍋でタラを煮て昼食にした。見るからにおいしそうだった。中学のとき一度だけ作業を手伝ってありついた。「味噌で煮ただけだけど、おいしかったねぇ」。今は地元ではほとんどタラはとれなくなったという。

国道沿いの食堂で、たら汁を頼んだ。860円。骨から甘い汁がしみだし、肝は舌の上でとろけた。

北陸の海岸線の自転車旅は前半が終わった。輪島からヒスイ海岸までの約400キロ。おんぼろの愛車マリン号は途中で後輪の歯車とチェーンを交換するとなめらかに走るようになった。輪島から若狭への後半の旅にも耐えてくれるだろう。

ヒスイ採り名人の扇谷誠さん。ヒスイはつるりとした肌ざわりで、硬いから角が立っている。秋から冬。波が荒いときに大物が狙えるという。

28 人も景色も、のんびりと

石川県輪島市から富山県東端までの自転車旅が終わった。任地の輪島を拠点に区切りながら走ったが、一気に走れば3、4日の行程だろう。

輪島から能登半島先端へは急坂がつづいたが、その後は平坦道《へいたん》がほとんどだった。

富山県内は標識が充実していた。県は国際的な環境団体「世界で最も美しい湾クラブ」への加盟のため、氷見市から朝日町までの富山湾岸88キロに、2004年度にサイクリングコースを示す青いラインを引いた。私も一部区間を走ったが快適だった。

能登半島先端の珠洲市一帯はコンビニも数えるほどの過疎地だが、かつては海の道の交差点だった。12〜15世紀につくられた珠洲焼が東北地方の海底からも大量に揚がる。珠洲と新潟県佐渡島は昔は北前船が往来。1970年代にはフェリーで結ばれた時期もある。2014年5月から7月、この間を2時間半で結ぶ高速船が就航した。海の道の交流が復活する兆しと願いたい。

富山湾は能登半島に抱かれて、雄大な湖のように見えた。のと鉄道西岸駅（石川県七尾市）近くでタイ料理店「遊帆《ゆうほ》」を営む黒瀬広喜さん（50）は世界の海を巡ったヨットマン。「波静かで初心者でもヨットを楽しめます。のと鉄道は海から見るとジオラマのようですよ」。体験航海も受け付けているそうだ。

富山市の神通川河口の、富山港わきで洋品店を営む重松《かさまつ》栄一さん（66）はカヌーイスト。「今は貨物中心だが、能登や大陸からの客船が立ち寄るようになれば富山港はにぎわうと思うよ」と期待した。

富山の海辺は北アルプスのわき水のうまさも印象的だ。「能登は人も景色も素晴らしい。自転車で走るのにぴったり」。13年5月に金沢市から輪島市まで自転車で走ってきた60歳代の米国人女性アン・アンダーソンさんの言葉を思い出す。能登だけではない。北陸一帯がそうだろう。

彼女はトランクを積んだ荷車を牽引し、走るのは1日40キロ程度だった。人や風景と出会うため、私ものんびりと走り、福井・若狭への後半の旅を楽しみたい。

折りたたみ自転車でスーツケースをのせた台車を牽引して金沢から輪島まで走ってきたアン・アンダーソンさん。

富山銀行

珠洲市
⑤
⑥
⑦
⑧
⑨
⑩
⑪

㉗
入善町
朝日町
㉖
㉕
㉔
黒部市
㉓
㉒
滑川市
魚津市
舟橋村
上市町
立山町
富山市

第2部　能登半島から若狭へ

29　「口直し」まっすぐな鮮度

輪島では、旅から帰ると「輪島の魚で口直しや」という人が多い。私も富山県ヒスイ海岸から帰ったその足で居酒屋に行き、刺し身の盛り合わせを頼んだ。ノドグロやハチメ（メバル）、生サバ。輪島の魚は何を食べても生臭くない。酒がすすむ。

旅を再開する前に、漁師のこだわりを聞きに行った。

朝日新聞輪島支局から自転車で5分。輪島市海士《あま》町という漁師町は、3階建て住宅が密集し、能登ではめずらしく過疎知らずだ。今も２００人の海女がアワビやサザエをとり、男は刺し網漁で稼いでいる。

約50年前まで、６月に地区総出で50キロ沖の舳倉《へぐら》島にわたり、10月にもどってきた。１９６０年代半ばまでは海女はサイジというふんどし姿で上半身裸で海に潜っていた。夏の３カ月で５００万円稼ぐ海女もいて「男の一人や二人、養えんでどうする」という気概を持っていた。冬は和倉温泉や都市部のスナックなどで働いた。今も冬場の輪島のスナックではきっぷのよい海女との会話を楽しめる。

漁協の休憩所で大角司《おおかどつかさ》さん（55）に会った。母も姉も妻も海女だ。「ここの女は気がつえぇ。一つ言えば二つ返ってくる。口では絶対勝てん」と笑う。舳倉島で育ち、小学生のときから小舟の上で母の命綱をにぎった。結婚して船を新調し独立した。「網を入れてその日のうちに揚げるから輪島の魚は新鮮なんや。６月のノドグロは脂がのってキロ５千円になるぞ」

２０１１年９月13日、大角さんらは全国の注目を集めた。この日の早朝、沖合25キロで黒い木造船を見つけた。近づくと子どもの姿もある。北朝鮮の船だった。漁師たちは飲料水やソーセージを手渡した。海上保安部の巡視船が到着するまで約2時間、7隻が寄り添った。後日、漁師たちは海保から感謝状を贈られ、「今後同様のことがあれば危険だから近づかないで」と注意された。帰り際、一人がつぶやいた。「困ってる子がおったらだれでも同じことするわ」

この一本気な性格と輪島の魚のまっすぐな鮮度は、どこか似ている。

大角司さん。若いころ、海士地区の男は、隣の輪島崎の漁師とけんかばかりだった。輪島崎の娘と結婚すると白い眼で見られたという。輪島では漁師が元気だからやくざが力を持てないという説もある。

30　「アラカタ」失われた伝統

輪島市街地から5分ほど西に走ると広い砂浜にでる。この先から過酷な急坂が続く。

輪島―富山の道は坂が少なく、ロードバイクのペダルと靴を固定するビンディング機能はあまり使わなかった。だが後半の旅では早くもフル稼働だ。靴を固定すると、ペダルを引く足も駆動力になる。

沖合25キロの七ツ島を望む標高110メートルの岬へ立ちこぎで登った。岬から木立のトンネルを下ると、また急坂だ。

輪島市街地から1時間、約90軒の大沢《おおざわ》集落が眼下に広がった。延長800メートルのニガタケの間垣《まがき》が海と家屋を隔てている。これで冬の風を防ぐ。

1954年に輪島市になるまでここには旧西保《にしほ》村役場があった。60年までは集落に至る車道がなく、「石川県でただ一つ自動車の通らない町」と随筆に書かれた。「能登最後の秘境」とも言われた。

ここで唯一の旅館を営む田中輝夫さん（73）が幼いころには、大漁だったイワシでこんか漬け（ぬか漬け）やいしる（魚醤《ぎょしょう》）をつくる家が多かった。

小中学生のころは電話がないから、子どもはあちこちの家に使い走りしていた。だから集落の隅々まで知っていた。仕事が少ない冬、若者は家々を渡り歩いて囲碁や麻雀を楽しみ、演芸会を開いた。そんな交流は、テレビと電話の普及で消えてしまった。

冬の仕事は輪島塗の椀木地《わんきじ》の原型となる「アラカタ」づくりだった。ケヤキを椀の大きさに切断して内側をくりぬき、囲炉裏《いろり》の上の天井裏でいぶして輪島の木地屋に出荷した。「1個が10円。これがロクロでひいて椀木地になると100円、漆を塗ると千円、蒔絵をほどこすと1万円を超える。下の工程にもう少し利益をまわせって商工会議所に訴えたが、相手にされなかった」

大沢のアラカタづくりは2000年に最後の1軒が廃業、輪島塗のアラカタはいまは市外業者が頼りだ。「利益がもう少しあれば、機械に投資して生き残れた。目先の利益で伝統文化が失われてしまった」と田中さんは寂しそうだった。

岬をひとつまわると、黒々とした岩肌が垂直にそびえる刑部《ぎょうぶ》岬が見えた。

1954年まで旧西保村役場があった大沢地区。ニガタケでつくられた間垣が、台風なみの冬の季節風から家々を守っている。

31 「風の都」を守る団結力

「最後の秘境」と呼ばれた旧西保村の、そのまた端っこにある輪島市上大沢町《かみおおざわまち》は、約20軒の家が延長500メートルの半円形の間垣《まがき》に囲まれている。

冬は台風なみの季節風がこの集落に吹きつけ、住民たちは「風の都」と呼ぶ。

2013年の冬、取材で訪れた。吹きすさぶ強風で波しぶきが霧のように立ち上がる日、間垣に入ると、軒下の干し柿がわずかに揺れるだけだった。

間垣に囲まれた集落はひとつの屋敷のように見える。そのせいか、昔から団結力が強い。山の水を引く施設を独力で整え、旧村でもっとも早く耕地整理をした。周辺の深刻な過疎にもかかわらず、世帯数は百年来変わらない。西保間垣の会の橋本忠明会長（74）は「昔の年寄りが団結して農地を整えたおかげで、週末に機械で農作業ができる。だから若いもんも戻ってくるんだと思います」と話した。

上大沢からは海沿いの道はない。川をさかのぼって山に分け入る。巨大な滑り台のような男女滝《なめたき》の手前に小さな商店があった。菓子パンや酒から洗剤までならぶ店は、武田美恵子さん（66）の祖母が80年ほど前に開いた。

昔は滝の下に小学校があり、駄菓子や鮮魚、豆腐も扱った。十数年前から問屋が来なくなり、商品は宅配便で仕入れる。返品ができず、生ものは置けなくなった。

売り上げはかつての10分の1。「やめようかとも思うけど、うちがなければ醤油1本買うのも輪島にいかんといけん。世間話をしにくるお年寄りもいる」。武田さんの店が、兵庫県伊丹市と同じ広さの旧西保村で、食品、雑貨がそろう唯一の商店という。

メロンパンを買って、山道に挑んだ。標高200メートルの峠を越え、30分で国道に合流。ほどなく明治時代まで曹洞宗の大本山だった総持寺《そうじじ》祖院の門前町に着いた。

秘境の中の秘境、上大沢。間垣に囲まれた家並。

旧西保村で唯一、食品や雑貨がそろう武田美恵子さんの商店。

32 断崖にもあたたかみ

輪島市門前町の総持寺祖院から約3キロ、海辺の高台にある黒島集落は、北前船の船主の屋敷が残り、板張りと格子戸の家がつらなっている。昭和40年代までは大半の家の世帯主が船員だった。さらに3キロ南には巨大なかやぶき屋根の阿岸本誓寺《あぎしほんせい》がある。

磯にはコンクリートの「ノリ島」が点在する。「波の花」が飛び散る冬、手摘みで採取するイワノリは、のり巻きや雑煮にすると抜群の磯の香りを楽しめる。

輪島市と志賀町の境から海沿いの県道へ入った。わずか1キロの間に、関野鼻《せきのはな》、ヤセの断崖、義経の舟隠しと名所が連続する。松本清張の「ゼロの焦点」の舞台にもなった。

1970年代、「関野鼻パークハウス」の駐車場は観光客の車でごった返した。3キロ離れた集落に住む志賀町職員の平井清さん(55)は小中学校の夏休みには毎日自転車で通った。「人がいっぱいで、カレーもラーメンもアイスもある。都会のデパートに行くような感じやったね」。観光客の目の前でゴムボートを浮かべ、サザエをとって遊んだ。

2007年3月、能登半島地震が起きた。海上に舞台のように突き出ていたヤセの断崖は先端が落ちて普通の崖になった。パークハウスは足下の崖が崩れて閉鎖され、廃虚になってしまった。働く人がいなくなり、近くの県道や遊歩道沿いには雑草がはびこった。

だが、「能登の里山里海」が11年に世界農業遺産に登録されて観光客はわずかに増えている。地元では14年春から、雑草だらけだった県道と遊歩道の草刈りをはじめた。「テントをたててサザエでも売らんか」という声もあがっているという。「二つのシンボルがダメになってショックだったけど、草刈りをはじめて雰囲気が明るくなってきました」と平井さんは話す。

私は、民俗学者の宮本常一のこんな言葉を思い出した。「自然は寂しい。しかし人の手が加わるとあたたかくなる。そのあたたかなものを求めてあるいてみよう」

源義経が奥州に逃れる途中、48 隻の舟を隠したと伝えられる「義経の舟隠し」。

33 問屋ひしめく風待ちの港

高台と海辺が交互する志賀町の道を走った。ギネス世界記録にも一時登録された増穂浦《ますほがうら》の全長約４６０メートルの大ベンチ、遊覧船が出入りする巌門《がんもん》をすぎて、福浦《ふくら》港に着いた。山に囲まれた入り江に漁船が浮かんでいた。

能登半島の日本海側は、荒天時に避難できる入り江が少ない。福浦は古代には大陸の渤海《ぼっかい》国に向かう拠点であり、江戸時代の北前船にとっては貴重な風待ちの港だった。

江戸でつくられた全国の港の番付表では、「能登福良」は「前頭」で、七尾や輪島より上位だった。「しけに強いのに加えて、外洋に出てすぐに風に乗れることが大事だったんです」と福浦に生まれ育った石川考古学研究会長の谷《や》内尾《ちお》晋司さん（67）は話す。

港には問屋や旅館がならび、高台には「免許地」と呼ばれた遊郭があった。住民は漁船も田畑も所有せず、船の落とすカネで暮らした。１９７０年の金沢港開港までは海上保安部の巡視艇も常駐していた。福浦にはいまも、漁師はすくない。

谷内尾さんの家も、船員が泊まり、物資や食料を船に調達する問屋だった。北前船が衰退すると、祖父はテングサやエゴという寒天になる海藻を集めて長野県に出荷した。「単調な外浦（能登の日本海側）で、冬でも使える奇跡の港です。楽してもうけたせいか、私を含め、地に足をつけて生きる気概がないのが欠点かな」

港の入り口の岬へ自転車を押してのぼった。旧福浦灯台は１８７６年築の日本最古の木造灯台。建設した日野家は灯台守をつとめ、船から料金を徴収して暮らしていた。

断崖上の小道を歩くと、「極楽坂墓地」に出た。草むらに小さな古い墓石が散らばっていた。遠来の船乗り約３００人が葬られているという。旅は命がけだったのだ。

私は学生時代に内戦中の中米諸国を歩いた際、一度だけ遺書を書いた。生まれてはじめて訪れるニカラグアという国の前線の村で、断続的に響き渡る自動小銃の音に死を意識させられたからだ。書き終えると、風景がやけにみずみずしく見えたのを思い出した。

能登半島の日本海側は単調で出入りが少ない。しけたときに千石船が入れる港は福浦港しかなかったという。

34 「まれびと」ここに眠る

志賀《しか》町の福浦港から南下していくと、白と水色の志賀原子力発電所の建物が見えてきた。南端の鉄条網の外に「脱原発」と記された小屋があった。再稼働反対の集会がときどき開かれているという。

県道を離れて海辺の集落に入った。板壁と黒瓦の家並みが美しい。幾度も自転車をとめて、シャッターを押した。羽咋《はくい》市に入った。気多《けた》大社をすぎてまもなく「折口父子の墓」の案内板を見つけた。

歌人で民俗学者の折口信夫《おりくちしのぶ》。このひとは生涯独身だったはずだが……。浜から３００メートルほど陸に入った木立に、江戸時代の年号が刻まれた小さな墓石がならぶ。気多大社の神職たちの墓だ。その中心に、長方形の積み木のような折口父子の墓石があった。

「もっとも苦しきたたかひに　最くるしみ死にたる　むかしの陸軍中尉　折口春洋《はるみ》　ならびにその父　信夫の墓」

折口は弟子で国学院大教授の春洋と15年間を暮らした。応召された春洋が１９４４年に硫黄島に着任したころに養子縁組をした。だが再会はできず春洋は戦死。墓は折口が春洋の故郷のこの地に49年に建て、４年後に自らも葬られた。

羽咋市商工会の藤田豊郁《とよふみ》さん（58）は、母校の羽咋高校の校歌の作詞者として折口を知った。大学時代、内弟子が書いた「わが師　折口信夫」という本を読んだ。同性愛を非難する内容がショックだった。だがその後、最期をみとった岡野弘彦・国学院大名誉教授の本で、学問への真摯《しんし》な態度や弟子への気遣いにあふれた折口の魅力を知った。

墓前で地元有志らが命日の9月に慰霊祭を開いている。海のかなたから訪れて祝福をもたらす霊的存在を折口は「まれびと」と呼んだ。まれびとが異質の体験をもたらすことで、古代の共同体に芸能や文学、宗教が発生したと考えた。「折口さんのおかげで、文学者や研究者が訪れ、羽咋に文化がもたらされた。折口さんこそまれびとでした」

折口博士父子の墓

35 巨大砂像、千里浜名物に

羽咋市と内灘《うちなだ》町を結ぶ延長33・6キロの能登海浜自転車道に入った。白砂青松の広大な砂浜を楽しめる道だが、一部が水没していたため、並行する県道を走り千里浜《ちりはま》に着いた。

長さ8キロのこの浜は砂粒が細かく、水を含んで引き締まるため自動車も走れる。なぎさドライブウェイの名がある。自転車はどうだろうか。

浜に乗り入れた。ハンドルをとられない。ペダルは重いが前に進む。だが背中がひんやりしてきた。昨夜の雨でしめった砂をはねあげていた。200メートルほどで引き返した。

浜の入り口に4体の巨大な砂像が立っていた。高さ3メートルの像は大相撲の遠藤だ。「こうやってつくる過程を見てもらう。それがおもてなしになるんです」。ペインティングナイフで砂を削っていた原田敏雄さん（70）は言った。

きっかけは、1994年にはじまった「千里浜砂まつり」だ。壮年団の仲間で砂像コンテストに出場し、1・8メートルのエビス像で優勝した。以来、やめられなくなった。

毎年5月、パワーショベルで砂を集め、3メートル四方の型枠で押し固める。削って形を整え、表面をノリで固める。8月の完成予定だったが、今年は豪雨で10月にずれこんだ。

東京出身。26歳で妻の故郷の羽咋に移住した。祭りの山車の七福神像を発泡スチロールでつくった経験が砂像に役だった。

数年前、市は予算不足で祭りの廃止を打ち出したが、「サンドアート王」を決めるテレビ番組で原田さんらが優勝したのが追い風になり、存続した。「砂像をつづけろって天に命令されているみたい。好きなことで人の役にも立てて、人生における趣味の大切さを実感しています」

羽咋は、空飛ぶ物体の伝説が多く「UFOの町」と称している。「コスモアイル羽咋」では、旧ソ連の月面着陸船予備機の実物も見られる。

千里浜の終点まで自転車道を走り、さらに15キロ南下した。かほく市の「海と渚の博物館」で能登の漁業史を学んだあと、砂丘の上を走る県道に入った。

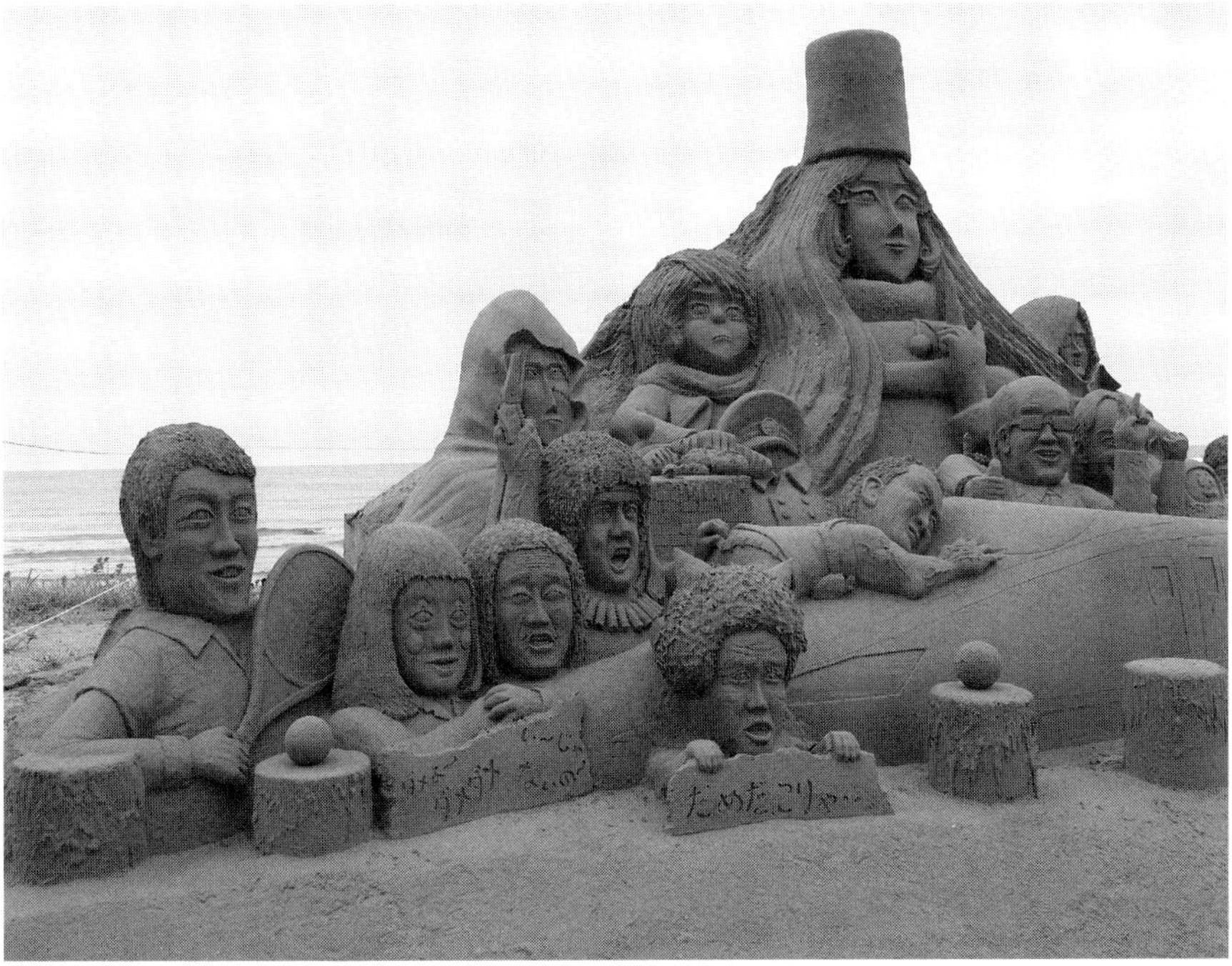

砂像は、千里浜レストハウスの横で毎年5月からつくりはじめ８月ごろに完成する。制作過程も見学できる。

36 「命を守る」闘争の記録

河北潟《かほくがた》が見渡せる丘を走った。周囲約25キロの湖はかつては海水と淡水が交じる汽水湖だったが、干拓事業で淡水化された。長方形に区画された水田が潟の干拓地に広がる。

内灘《うちなだ》町に入って海側への小道をたどると「着弾地観測所」の標識があった。自転車を置き、クモの巣を払いながら山道を歩いた。砂浜を望む高台に、細長い窓の開いたトーチカのようなコンクリート建造物があらわれた。１９５３年から57年まで米軍の砲弾試射場があり、弾の落下地点をここで確認したという。建物の上には背丈ほどもある雑草が生い茂っている。

サツマイモやヤマイモの畑を横切る砂利道に入ると、深い砂にハンドルをとられた。ここは砂丘なのだ。砂丘に開かれた住宅地を抜け、河北潟の海への出口付近にある町立歴史民俗資料館「風と砂の館」を訪ねた。試射場建設に住民が反対した「内灘闘争」の展示がある。

ボランティアガイドの多田美代さん（66）は72年に金沢市から引っ越してきた。舗装道路はなく、砂丘の住宅地だから、家の中まで砂だらけ。都落ちの気分だった。そんな内灘ではじめて気に入ったのは夕日の美しさ。子どもの夏休みの「夕日の研究」がきっかけだった。その後、「砂丘フェスティバル」の運営ボランティアに参加し、町の歴史を学んだ。

「内灘闘争では、出稼ぎで男のいない漁村で、「金は一年、土地は万年」のむしろ旗を掲げた女たちが座り込んだ。「戦争直後で、子どもの命を守りたいという母の気持ちのあらわれだったと思う」

闘争当時、賛否で町が真っ二つに割れた。だが今、町ぐるみでその歴史を顕彰している。「いろいろな思いを町の歴史として受け入れている。砂丘の町だからか、おおらかで何でも話せる雰囲気がある。子育て施策や福祉も充実していて住みよい町ですよ」

資料館を後にして、30分も走ると金沢市の石川県庁に着いてしまった。

河北潟と海を結ぶ放水路。砂丘が広がっていた対岸には、総合公園や内灘町役場などができている。下はその一角にある歴史民俗資料館「風と砂の館」。

37 「声」生かした醤油づくり

巨大な倉庫がならぶ金沢港を抜け、小さな橋をわたると醤油の香りがただよってきた。北前船以来の港町の金沢市大野地区には、二十数軒の醤油工場がひしめいている。

醤油は、大豆と小麦と塩を半年間熟成させて生醤油とし、加熱後に色や香りを調える。大野の業者は１９６９年に組合をつくり、生醤油までの工程を協業化した。大手に対抗するためだった。「祖父たちが協業化しなければ、今ごろ５社も残っていなかったでしょう」。来年で創業１９０年になる直源醤油の直江《なおえ》潤一郎社長（45）は話す。

酒造会社勤務を経て98年に帰郷した。協業化で使われなくなった醤油蔵に直売所とカフェを開いた。量販店におろすだけでなく、客の声を直接聞きたかったからだ。

店番や工場見学の案内役は社員25人が順番でつとめる。客に説明することで、会社や商品への理解が深まり、新商品のアイデアも生まれた。

２０１４年秋には、国産材料にこだわり、凍結乾燥させた粉末醤油を発売した。天ぷらやすしでも「塩で食べて」という店が増え、直江さんはもどかしかった。粉末醤油なら、天ぷらや空揚げにかけてもべとつかない。ステーキやチーズにふればスパイスになる。「量販店向けの商品は価格にしばられるが、お客さんの声でつくる商品は純粋に質を追求できます。醤油消費量は減っているけど、直販は着実に伸びています」

中高生のころは「行き止まりの年寄りしかおらん町」と思っていた。学校では「醤油くさい」と馬鹿にされた。今は「古い資源が残るかけがえのない町」と思えるようになった。「しょうゆと潮風のにおいをかぎながら多くの人に町を歩いてほしい」

犀川《さいがわ》をわたり、松林が広がる公園をすぎて加賀海浜自転車道に入った。右手は砂浜。左は北陸自動車道の土手だ。高速道路の向こう側にあるはずの人びとの生活のにおいは、海辺の自転車道では感じられない。

工場や倉庫が林立する金沢港から隣の大野地区に入ると、レトロな雰囲気の醤油工場があちこちに立っている。かつては北前船の港としてにぎわった。隣の金石地区には「海の百万石」と称された豪商を顕彰する「銭屋五兵衛記念館」がある。

38 フグ珍味、北前船が伝えた

金沢市の犀川をわたり、海岸の自転車道を1時間ほど走って、白山市の手取《てどり》川河口に着いた。北陸自動車道の高架をくぐると、美川《みかわ》漁港の入り口の水門があった。ここには、室町時代に全国十大港「三津七湊《さんしんしちそう》」のひとつだった本吉湊《もとよしみなと》があり、江戸時代には北前船など年間1500艘の船が出入りしていたという。

港の路地を自転車で散歩した。住宅街の一角に「お台場の水」という案内板があった。鉢植えや花が飾られた小屋で白山の伏流水がじゃぶじゃぶとあふれていた。

周囲に水産加工場が点在する。フグの卵巣を塩水と糠に3年間漬けて毒抜きする珍味「ふぐの子の糠漬け」で知られる。北前船がもたらした食文化だが、毒が抜けるくわしい仕組みは不明だ。

安新《やすしん》という会社の工場におじゃました。コンクリートの水槽にわき水が流れている。さばいた魚をここで洗い、塩と糠に漬ける。「わき水がなければ水道代も大変だった。カルキの入ってない自然の水も、糠漬けがおいしくなる理由かも」。安田志良《しりょう》さん(36)は言う。

倉庫には木のたるが500個積み重なり、糠のにおいが充満している。「苦手な人はたまらんらしいけど、子どものころから工場が遊び場で、塩漬けのフグがおやつだったから、くさいと思ったこともないんです」

酒店を経営する友人の森幸平《こうへい》さん(38)はこのにおいが苦手だった。だが日本酒を飲みはじめて嗜好が変わった。「フグの子の薄切りで『手取川』や『常きげん』などの純米酒を飲んだら最高ですよ」

フグの子の糠漬けは石川県独特で、輪島や金沢にもある。いずれも北前船の寄港地だ。チーズにも似た発酵臭とプチプチという舌ざわりは、ごはんのおかずにぴったり。チーズと一緒にギョーザの皮にのせて焼くとワインもすすむ。

美川を後にして手取川を西にわたり、ふたたび海辺の自転車道に入った。約10キロ走ると、歌舞伎の「勧進帳《かんじんちょう》」で知られる安宅《あたか》の関だ。

安新の安田志良さん（右）と、酒店を経営する森幸平さん。木のたるが積み重なる倉庫は糠のにおいが充満している。

39　安宅の関、三人が出迎え

海岸の自転車道を走って、小松市安宅《あたか》町に入った。格子戸が美しい北前船主の屋敷がいくつも残っている。

突然、空が砕け散るような雷鳴がとどろいた。なのに道端のおばあさんは平気な顔だ。２キロ南の小松空港を飛び立った戦闘機の音だった。小松空港は自衛隊機と民間機が滑走路を共用しているのだ。

梯川《かけはし》を渡った海岸の松林に「安宅之関」と書かれた木の門があった。歌舞伎の「勧進帳」の舞台だ。源頼朝の不興を買い、山伏姿で落ち延びる義経一行は関守の富樫《とがし》に見とがめられるが、弁慶の機転と富樫の情けで通り抜けた。

だから隣接する安宅住吉神社は難関突破の信仰で知られる。訪ねると、「全国唯一の難関突破の神様として受験生の参拝が絶えません」と、みこさんが説明してくれた。

関には「智仁勇」と土台に記された義経・弁慶・富樫の像がある。最初は１９４０年に弁慶と富樫が建てられた。戦争で金属が貴重だから陶製だった。66年に銅で再建され、さらに95年、「二人ではさびしい」と義経を加えた。「本来義経はいない場面の銅像。歌舞伎にくわしい人にはおかしいと言われます」。町内会長などを歴任した橋本紀之さん(75)は笑った。

橋本さんは中学の修学旅行で関西を訪れた際、「小松」より「安宅」が有名なのが誇らしかった。安宅中学の生徒は今も年に一度銅像を清掃しているという。

独立町だった安宅町は40年の合併で小松市の一部になった。その際、町有地10万坪を住民共有とした。「共有地の松林はみんなで草刈りをする。北前船の形の曳船《ひきふね》が練り歩く秋の祭りとともに、地域の絆を育んできました」

一方、安宅の人々の欠点は積極性のなさという。「９０0世帯もあるのに県議も実業家も出てこない。『難関突破』の精神は安宅にこそ必要です」

海岸の自転車道は途中から通行止めになっていた。県道を50分走って加賀市の片山津《かたやまづ》温泉に向かった。柴山《しばやま》潟の対岸に白山がそびえていた。冬、湖に映る雪の白山はさぞや美しいのだろう。

海岸の松林のなかにある「安宅の関」。「勧進帳」の映像も楽しめる「勧進帳ものがたり館」も併設。北東3キロの能美市道林町には「弁慶謝罪の地」があり、義経をなぐったことをわびる弁慶の像がある。

40 船主集った、大正の富豪村

加賀市の片山津温泉から30分ほど走ると、大正期の雑誌に「日本一の富豪村」と紹介された橋立《はしたて》に着く。かつては北前船の船主約40人が屋敷を構えていた。橋立漁港は深く陸に切れ込み、日本海の荒波を寄せつけない。

船主の屋敷を活用した「北前船の里資料館」で、加賀市観光交流課の神尾千絵学芸員（42）と待ち合わせた。「さすが北前船の港ですね」と言うと、「ここは寄港地ではなくて、船主が住んでいただけ。港は大正時代につくられました」と否定された。

北前船の乗員は3月、歩いて大坂に出て、船に乗り込んで日本海を北海道へ向かった。途中、橋立沖に停船して上陸し、家族と別れを惜しんだという。

まちの周囲の林には石垣と板塀が延々とつづく。以前は敷地が千坪もある巨大な屋敷がいくつもあった。看護師の小餅谷《こもちや》幸博《ゆきひろ》さん（64）は、祖父が北前船に乗っていた。北前船が衰退すると、樺太で北洋漁業に従事した。北洋のサケマス漁業は、橋立の船主がその基礎を築いたという。

船主たちは道を整備し、医院を開き、寺を建てた。「庶民の負担はなかった。戦後は船主は外に出て、雇われていた側だけが残りました」

戦後、旧船主の屋敷では家財を処分する競り市がしばしば開かれ、最後は仏壇も売られ、屋敷は切り売りされた。金沢市の長町《ながまち》武家屋敷跡にある「野村家」の建物は、橋立の船主の屋敷の一部を戦前に移築したものだ。

橋立では、男が留守だから女が家を仕切った。だから多くの女性が高等女学校で学び、琴や花などの習いごとも盛んだった。

結婚して橋立に住み着いたカフェ経営宮本昭夫さん（68）は橋立の「女子力」に驚いた。「橋立のおばあさんはプライドが高く、度胸が据わっていた。うちの嫁はそんな魂を継いでます」。女子力の継承者に会うことにした。

深く陸に切れ込んだ橋立漁港は北前船の時代には存在しなかった。橋立は船主たちの居住地だったが、寄港地ではなかったという。

41 女性も受け継ぐ「北前魂」

「日本一の富豪村」と言われた加賀市の橋立町の西部にある加佐《かさ》ノ岬は、標高40メートルの断崖上に四角柱の白い灯台が立っている。岬にあるカフェに、橋立で生まれ育った宮本啓子さん（67）を訪ねた。

宮本さんは父方の祖先が北前船の船主で、母方の祖父が船頭だった。

6歳のとき、橋立最大の船主だった西出《にしで》家の「競り市」を見に行った。膨大な家財道具とともに、ひな壇がいくつも座敷に並べられていた。「なぜおひな様が売られるの？」。悲しくなって尋ねると、「昔は北前船で栄えて大金持ちだったんよ」と祖母は言った。

古道具屋が、家々をまわって骨董品を買い集めていた。宮本さん宅も船簞笥《ふなだんす》を売り、ベニヤタンスにかえた。

小学5年生のとき、歴史を学ぶため友人と「北前船探偵団」をつくった。高校では北前船研究者の故牧野隆信《りゅうしん》氏が顧問の郷土研究部に入った。

社会人になって次男を背負って牧野氏を訪ね、「記録だけでなく、建物や船簞笥をこの子らに残したい」と訴えた。牧野氏が中心になって「北前船研究会」をつくり保存運動をはじめ、それが１９８３年の「北前船の里資料館」開館につながった。

宮本さんは障害者施設勤務などを経て加賀市議に。さらに12年には民主党から衆議院議員選挙に立候補した。恩師の牧野氏は「北海の荒波に生命の危険をかえりみず、万難を排して、未知の世界に挑んだ北前魂」と記した。「無謀と知りながら挑んだのは、自分の生き方を通して子や孫に北前魂を受け継いでもらいたかったから」と言う。

いま、音楽療法士として全国を飛びまわり、高齢者のための移動スーパーもはじめた。「船主たちは命を賭けて商いに挑み、利益を地域に還元した。その魂を取り戻したい」

宮本さんと別れ、南西約10キロにあるもう一つの北前船主のムラをめざした。

最大の船主だった西出家の屋敷跡。戦後は旧船主たちは橋立を離れ、屋敷では家財を処分する競り市がしばしば開かれた。

橋立に生まれ育った宮本啓子さん。父方の祖先が北前船の船主で、母方の祖母は船頭だった。

42 発酵食に着目、校舎再生

加賀市橋立町から約6キロ走って片野海水浴場に着いた。丘にのぼると、海辺の森を貫く自転車道があった。樹間にのぞく海が美しかったが、砂の吹きだまりにハンドルをとられた。

案内板によると、昔は砂丘がつづき、風が吹くと周辺の田畑が砂で埋まったそうだ。明治から昭和にかけて植林をして、樹海ができたという。

約30分で砂丘の森が途切れて、大聖寺《だいしょうじ》川の河口に出た。上流に10分さかのぼった瀬越《せごえ》地区には、北前船の船主の家が十数軒もあった。いまもその子孫の一人が白壁の蔵に囲まれた屋敷に住んでいる。

集落内にある旧瀬越小学校の木造校舎は、２軒の大船主が１９３０年に建てた。３７６９人の犠牲者が出た48年の福井地震でも無事だった。

「瀬越の船主は教育熱心。関西への修学旅行の旅費も出し、大阪の屋敷で子どもに土産のまんじゅうを手渡していました」。まちおこしＮＰＯ「竹の浦夢創塾」の柿谷《かきや》昭一郎事務局長（66）は話した。

小学校は67年に閉校。校舎は一時解体が決まったが、地元の要望で２００３年に再整備され「竹の浦館」という直売所や食堂を備える施設になった。

運営を担う柿谷さんらは北前船の船員の食べ物に着目している。瀬越には、北海道から運ばれたニシンの糠漬けとダイコンを煮込む料理が伝わる。ビタミン豊富で保存もきくので船でも食べられていたはずだ。「発酵食」に取り組み、ヘシコ（サバ糠漬け）やタクアンも商品化。地元のナシやタケノコで酢を醸造してもいる。

防災対策でも発酵食には強みがある。「漬物やみそのたると米が家にあれば災害時に困らない。冷蔵庫のない時代の知恵を受け継ぎたい」

「竹の浦館」でタケノコ酢にイチゴを漬けた「濃～いいちご酢」を買った。10倍に薄めて水筒に入れた。さわやかな酸味がサイクリングの水分補給にぴったりだ。

旧瀬越小学校の木造校舎は、大家と広海という２軒の大船主が 1930 年に建てた。当時の最先端の技術を駆使した校舎は、1948 年の福井地震でも無事だった。

43　庶民を守る、蓮如の教え

石川県加賀市の瀬越《せごえ》地区から大聖寺川《だいしょうじ》をわたり、約1キロで福井県あわら市に入った。まもなく北潟《きたがた》湖畔に着いた。湖に突き出た小高い丘で、浄土真宗の中興の祖、蓮如《れんにょ》が1471年に吉崎御坊を開いた。比叡山延暦寺による迫害から逃れるため、加賀と越前という二つの国の境界にある権力の空白地帯で、湖に囲まれた要害のこの地を選んだという。

水運を生かして市《いち》が立ち、200を超える宿坊が軒をつらねた。だが4年後に蓮如が退去し、1506年には焼失した。幻の宗教都市だった。

湖畔に自転車を置いて歩いた。西別院、東別院、吉崎寺、願慶寺《がんけい》が狭い範囲に集中している。いったいどれが「御坊」なのだろう?

語り部ボランティアをしているあわら市議の山本篤さん(56)を公民館に訪ねた。「わかりにくいでしょう? 吉崎御坊の山は東(真宗大谷派)と西(浄土真宗本願寺派)の共同管理です。中学校区は福井側と石川側に別れています。二つの見えない境に住民は悩まされてきました」

語り部活動では、特定の寺に肩入れしないよう、寺は通過するだけで蓮如像の立つ丘に連れて行くそうだ。

私も案内してもらった。丘から見下ろす北潟は天然の堀だ。大聖寺川の河口だから交易にも最適だったろう。

山本さんが子どものころ、4月23日から5月2日の蓮如忌には、道を横断できないほどの人が詰めかけ、サーカスのテントや見世物小屋も立った。温泉レジャー施設もあり、女風呂を湖側からのぞきに行ったこともあった。だが自動車の普及とともに寂れ、いまでは寺だけに参拝し、丘にのぼらない人も少なくない。

「蓮如さんは参拝客のために宿坊を建て、『暑い時は酒を冷やせ。寒い時は燗《かん》をしろ』と気遣った。市を立て経済も盛んにした。『庶民のため』という蓮如さんの教えの原点に立ち返れば、吉崎は復活すると信じています」

湖畔を30分走って小さな丘を越えると、温泉旅館のならぶまちに入った。

蓮如が開いた吉崎御坊跡を山本篤さんが案内してくれた。蓮如像が立つ丘の上からは北潟と日本海を一望できる。水運を生かして市が立ち、宿坊が 200 軒以上あったという。

44 魯迅の恩師、藤野厳九郎

あわら温泉の旅館で荷をとき、あわら湯のまち駅前の屋台村で夕食を取った。収穫までに2回冬を越すという名物のラッキョウは、かむと口のなかではじけるように割れてうまかった。

翌朝、駅前の藤野厳九郎《げんくろう》記念館を訪ねた。藤野は解剖学者。中国の文学者魯迅《ろじん》が仙台医学専門学校で藤野の指導を受けている。魯迅の小説「藤野先生」によると、ノートを提出して2、3日後に戻ってくると朱筆でびっしり添削がしてあった。魯迅は亡くなる直前、「終生の恩師。尊敬している」と語ったそうだ。

どんな人物だったのか。

温泉から南へ2キロ走り、水田地帯の下番《しもばん》集落を訪ねた。藤野は仙台医専を辞めたあとに故郷のこの地で開業した。

土田誠さん（88）は小学5年のとき内臓下垂になり藤野の医院に通った。「この子は兵隊検査まで生きられん」と藤野は母に言った。そして、食事は食べ過ぎず20回以上かむように土田さんを諭し、「農林学校で勉強しながら畑仕事をして体を回復させなさい」と進路も指導した。

貧しい子には、治療費がわりに薬草をすりつぶす作業をさせ、勉強を教えた。だからカネには縁がない。息子が出征する際、軍服やサーベルを買えず地主に借金をした。「薬を売れば？」と地主が言うと「薬は医者の物ではない。患者の物や」と断った。

幼いころから漢文を学んだ藤野は「中国は日本に文化を教えた先生や。なのになぜ攻めるのか」と嘆いた。長男を戦病死で失い、自らも終戦の4日前に亡くなった。

土田さんは戦後、県農業会を経て福井新聞の記者になった。藤野の教えを守って、食事は腹八分目、酒は1日1合におさえた。気づいたら同級生は2人だけになっていた。2013年、関係者約20人に取材して「医師藤野厳九郎」という本にまとめた。

「先生のおかげで長生きして新聞記者もできた。人生の最後に藤野先生の本を書けてよかった」

あわら温泉駅前にある藤野厳九郎記念館前には、青年時代の魯迅と、仙台医学専門学校の恩師だった藤野の像が立っている。

土田誠さんは幼いころ藤野の医院に通い、小学校卒業後の進路も指導された。

45 「女が大将や」豪快な海女

あわら温泉を出て、5キロほど走ると海に出る。石積みの胸墻《きょうしょう》が残る丸岡藩砲台跡や越前松島水族館をすぎ、松林を抜けると、柱状節理の崖に囲まれた雄島《おしま》があらわれた。

対岸の坂井市三国町の安島《あんとう》という集落に入った。「どこから来たっ？」。おばさんに声をかけられた。ブチッと切れるきつい語調に面食らった。福井の言葉は「ほんでぇえ〜」と語尾が波打つように伸びてやさしいと感じていたが、おばさんの勢いは、私が暮らしている輪島の言葉のきつさに近い。「にいちゃん、おるけっ？」「酒飲むけっ？」……かわいい女の子の輪島弁をはじめて聞いたときは驚いたものだった。

そういえば安島とその周辺にも約60人の海女がいる。

地区の海女頭、小田原玲子さん（78）を訪ねた。「ここは言葉がきついし女が強い。うちの旦那なんて、私がワーッて怒鳴るとだまーっとる。安島では女が大将や」。日に焼けた顔で豪快に笑った。

安島の男はほとんどが船員だった。小田原さんの夫もタンカーに乗っていた。だから、家はすべて女が仕切る。同時に、海にもぐる。春はワカメ、夏はアワビやサザエ。そして何より7月末のバフンウニが名物だ。

殻を割り、ピンセットでゴミや内臓を取り除く。50〜60個で100グラムの身（生殖巣）がとれる。それで約4千円。かつては1日1キロとれたが、今は200グラムがせいぜいだ。「福井港ができたので九頭竜川《くずりゅう》の砂がこっちに流れて海底が埋まって、漁場は3分の1になった。腹が立つよ」

いま心配なのは後継者不足だ。「宝の海やでねぇ。とる人がいなくなったら寂しい。若い海女がいる輪島がうらやましいね」と言った。

漁協の支所長の下影《しもかげ》務さん（70）は子どものころ、夏休みにウニをとって小遣いを稼いだ。そのカネであめ玉を買い、「オレのおごりや」と母に手渡した。「自分が一人前になった気分やった。今の子にもウニで小遣いを稼がせて後継者づくりにつなげたい」

安島から10分も走ると観光地の東尋坊だ。能登に住んでいると海鮮丼には魅力を感じないが、輪島では揚がらないウニの瓶詰めはおいしそうだった。

海女頭の小田原玲子さん。

46 粋なアート、表通りの意地

東尋坊《とうじんぼう》から九頭竜《くずりゅう》川の河口をへて約3キロで、坂井市の三国のまちに入った。

妻入りの建物と平入りの玄関を合体させた「かぐら建て」と呼ばれる独特の町家があちこちに残っている。明治期は北前船で繁栄し、北陸一の遊郭があったそうだ。

表通りを歩くと、竹ざるに布や紙で季節の風物を表した作品が飾られていた。「アートだらけですね」。男性に声をかけると、玄関をがらりと開けた。貝殻や布でつくった作品が壁面にびっしり。「妻がつくって、掃除は僕の役目。このまちは、粋で派手な文化が残っていますよ」

2002年、松ケ下という約20軒の町内で、「町を楽しくしよう」と、酒井カズ子さん（72）らが手作り作品と川柳を季節ごとに飾りはじめた。それが広まった。

北陸三大祭りに数えられる5月の三国祭で、各町内が3、4年ごとに武者人形の山車を巡行させる。そのたびに1軒あたり数万円を負担。年金生活者が多いが、文句は出ない。「食べんかっても祭りはする。借金してもおくびにも出さず穏やかに生きる。見えを張るって人生には必要ですよ」と酒井さんは言った。

荒物屋を営む町家だった自宅を40年前に建て替えた。「町家を失っても、町に貢献したいという表通りの意地は受け継いでいるつもりです」

「町全体が文学館」と語るのは、まちづくり組織「三國會所」の中田幸男専務理事（71）。高見順の生家があり、三好達治や室生犀星がこのまちで暮らした。「三好は私が幼いころにいました。道で会ってたかもしれません」

昼におろしそばを食べた。辛味《からみ》大根のおろし汁が、新ソバの甘みを際だたせていた。

北前船の船簞笥《ふなだんす》を復元した人が福井市にいると聞いた。海岸線を離れて、寄り道をすることにした。

表通りの家々の軒先には、竹ざるに布や紙で季節の風物を表現した作品が飾られていた。

47 海に浮かぶ船簞笥、復元

三国から九頭竜川をさかのぼって福井市へと走った。海辺を離れて寄り道をしたのは、北前船の船簞笥を復元した「匠《たくみ》工芸」を訪ねるためだ。

北前船の船主は、北海道でニシンやコンブを買い付けるための現金や往来手形を船簞笥に保管した。遭難しても海に浮き、中のものがぬれない。いわば耐水金庫だった。

福井市郊外の住宅地にある匠工芸の工房に、創業者の勝木憲二郎さん（70）がいた。「引き出しの隙間はカンナで10分の1ミリ単位で調整し、水も入りません」。木地を箱に組み立て、漆を塗り、やすりで成形した金具をつける。半年がかりの作業という。

勝木さんは建材販売会社を経営していた約40年前、三国の民家で船簞笥を見てショックを受けた。ケヤキの木地を飾る金具は鉄の花のよう。重要書類を隠すからくりもあった。だが製法を教えてくれる人はいない。本もない。現物を分解して構造を調べ、7年をかけて復元した。

江戸時代の海難証明書「浦証文」には船簞笥の漂着が記録されていて、浮くことの証拠となっていた。だが小判を詰めると１００キロ近い。「浮くわけがない」と専門家は言った。ならばやってみよう。

１９９４年、東尋坊の崖から22メートル下の海に落とす実験をしたところ、簞笥はまもなく浮き上がった。開口部のある正面は金具の重みで下を向いていた。これなら空気が抜けない。「豪華な金具は単なる装飾ではなく重りだった。知恵に驚かされました」

最初のころは数十年寝かせたケヤキを使ったが、狂いが出た。以来、解体した古民家のいろりでいぶされた１５０年以上の古材を使っている。

工房では若者６人が働いている。２０１４年４月には社長の座を村田浩史《ひろふみ》さん（36）にゆずった。「最高の技を磨けて、昔の職人の知恵も学べる船簞笥の奥深さが若者には魅力なんだと思います」

船箪笥をつくる「匠工芸」のスタッフと勝木憲二郎さん（右）。引き出しの隙間はカンナで 10 分の 1 ミリ単位で調整する。

48 近くて深い漁場、カニ新鮮

福井市街地から福井港へもどり、ふたたび海沿いを南下した。穏やかな砂浜がやがて、山が迫って波が砕け散る岩礁海岸に変わった。2時間ほどで越前町に入り、まもなく旅館や民宿があらわれてきた。右も左も「カニ」の看板だ。

　関東で育った私は越前がにはズワイガニとは別種の高級ガニと思っていた。なぜ越前がにはかくも有名なのか。

　梅浦、大樟《おこのぎ》、厨《くりや》……いくつかの漁港を通過して、越前がにミュージアムに着いた。3階から1階まで吹き抜けにして、海面から水深300メートルの海底までを再現している。

「越前沖は一気に深くなり漁場が近いから新鮮なんです。ズワイを別名で呼ぶのは以前は越前と松葉ぐらいでした」と納谷《なや》一也副館長（52）が教えてくれた。外国産と区別するため1997年に黄色いタグを導入して、ブランド価値が高まったという。今では石川県や兵庫県なども追随している。

　最盛期2千トンを記録した福井県のカニの水揚げは一時は230トンに減った。減船や漁期短縮に取り組んだ。雌がすむ水深250メートルにコンクリートブロックを沈め、網をひけない保護区をつくった。歯のついたローラーで海底を耕して生息環境を整えた。水揚げは約500トンに回復した。

　私が暮らす輪島では、1匹数百円の雌をよく食べる。しゃりしゃりの外子（受精卵）と濃厚な内子（卵巣）を味わえて高価な雄よりも楽しい。

「私もセイコガニ（雌ガニ）ばかりですよ」と納谷さんは同意してくれた。かにみそと内子にしょうゆをたらしてごはんにのせて食べるそうだ。あるいは、すりおろしたダイコンに、ゆでて割ったカニを入れ、みそ味でさっとゆでる。「家庭料理。脚なんてガジガジかんでポイです」

　食べたくなってきた。「漁師さんの食堂はありませんか？」と尋ねると、1軒の店を教えてくれた。

福井港から海沿いを南下すると、穏やかな砂浜が荒々しい岩礁海岸に変わり、柱状節理で囲まれた奇岩が次々にあらわれた。

越前がにミュージアムの納谷一也副館長。ミュージアムは3階から1階まで吹き抜けにして、海面から水深300メートルの海底まで再現している。

49 看板娘、父はスーパー漁師

越前町の越前がにミュージアムで教えてもらった漁師の食堂を探して、3キロほど北の小樟《ここのぎ》の漁港に向かった。食堂の名は「えちぜん」。赤銅色に日焼けした漁師のおばちゃんに会うつもり、だった。

「いらっしゃい」。出てきたのは目のぱっちりしたお嬢さん。「えっ？　あの、漁師さんの店ですよね」「はい」

宮地由佳《みやちゆうか》さん(26)。母と二人で店を仕切っている。あとで地元の人に聞くと、地元で評判の看板娘という。

幼いころの父は、春はホタルイカ漁で朝帰り、夏はイカ漁で3カ月間家を空け、カニ漁の冬も生活はすれ違った。「ぐちゃぐちゃの布団と汗臭い枕のにおいをかいで、お父さん、帰ってたんだって思ってました」。夏は海に潜ってアワビもとる。「スーパーお父さん」と尊敬してきた。

由佳さんは中学を卒業すると、福井市の祖父母宅から高校に通った。その後、同市内の福祉施設に就職した。

故郷に帰ろうにも仕事がないと思っていた矢先、「店を手伝わんか」と言われた。２０１０年秋に開店した。

女が船に乗ると海の神様がやきもちを焼くというから漁師は継げない。何より船にはトイレがない。「カモメさんに見られるのはいいけど、みんなの前でお尻だしながら海に落ちるのはいやですから」

冬は越前がにや雌のセイコガニの丼が人気だが、市場に出回らない活きた越前エビ（ガマエビ）や、2月にはハタハタの刺し身もおすすめという。「魚は1日置くとうまみが出るけど、活《かつ》はこりっとして弾力があります」。カツという強い言葉の響きが、漁師の娘の強さを伝える。「家に帰るとあったかくて、朝起きたらごはんがあって、おうちっていいですよね。一人暮らしなんて一度したら気が済みました」

将来は？　「お店が楽しいし、ここに住みつづける覚悟ができてきたかな」

50 船主のまち、価値再発見

南越前町に入った。京都・伏見の酒づくりを支えた越前杜氏《とうじ》のふるさとの糠《ぬか》地区を経て、わずかな平地に約80軒が密集する河野《こうの》集落へ着いた。幅２メートルほどの「馬借街道」と呼ばれた旧道の両側に板張りの土蔵がならんでいる。なかでも最大の屋敷が「北前船主の館・右近《うこん》家」だ。

母屋のほか土蔵７棟や茶室があり、背後の山には、１階がスペイン風、２階がスイスの山小屋風の「西洋館」（国の文化財）が立っている。

右近家は近江商人の雇われ船主から北前船主として独立した。明治期には約20隻を動かした。北海道の開拓民に生活物資を供給し、復路は肥料用のニシンを関西に運んだ。和船から汽船への転換期にも生き残って、加賀の船主らと共同で保険会社も設立した。

右近家の遠縁に当たる金相寺《こんそう》住職の右近恵さん（59）は、旧河野村役場に就職するまで右近家は保険業で栄えたと思い込んでいた。「船乗りが住むだけで寄港地ではないから活躍したり豪遊したりする姿が見えない。ここでは船乗りもただのじっちゃんで、地元は北前船のすごさを知らないんです」

１９８６年、復元した北前船が淡路島から北海道江差《えさし》町まで走って「北前船」が河野でも知られるようになった。村は90年、右近家の許しを得て屋敷を公開した。船簞笥や蔵から１万８千点の文書がでてきた。96年に図書館兼資料館を建て、北前船の寄港地の市町村誌など１５００冊を集めた海事資料室を設けた。全国から研究者が訪れる。

恵さんの寺では、竜が刺繡された絹織物を打敷《うちしき》にしている。それを見た研究者は「蝦夷錦《えぞにしき》だ」と言った。清王朝でつくられ、北方民族とアイヌ民族の手を経てもたらされたものだった。「北前船の町おこしがなければ価値がわからなかった。膨大な資料は今後も地域のために役立つはずです」

旧馬借街道の両側には重厚な土蔵がならぶ。金相寺住職の右近恵さんは、旧河野村役場で北前船を生かす村おこしを担当した。

51 ユダヤ難民との交流、紹介

南越前町の「北前船主の館・右近家」を後にして、越前・河野しおかぜラインを走った。山が海にいっきに落ちる海岸線だから、集落がない。久々に時速30キロで快走した。

敦賀市に入って国道8号と合流すると、大型トラックだらけになった。緊張しながら約2時間走り、敦賀港の金ケ崎《かねがさき》緑地に着いた。

広々とした芝生の公園の片隅に、「人道の港敦賀ムゼウム」という2階建ての洋館があった。ナチスの迫害から逃れて1940年から41年にかけて敦賀に上陸したユダヤ難民の歩みと、駐リトアニア領事代理としてビザを発給して彼らを救った杉原千畝《ちうね》（1900〜86）を紹介している。上陸した難民に対し、敦賀市民は銭湯を開放したりリンゴやイモをふるまったりした。

外務省の命令に反してビザを出した杉原は戦後辞職を強いられ、外務省が遺族に謝罪したのは2000年のことだ。敦賀とユダヤ難民とのかかわりも長らく知られていなかった。

田代牧夫さん（63）は市中心部で三代つづく時計店を営んでいる。反原発運動にかかわるなかで、「原電しかない町」というイメージを覆したくて、地元の歴史や文化を掘り起こしてきた。

20年ほど前、市史を編纂《へんさん》した研究者から1941年の朝日新聞を見せられた。「世界の敦賀」という計3回の連載は、難民が敦賀に上陸する様子を生き生きと描いていた。ワープロで打ち直して仲間に配った。2001年には杉原の妻幸子さん（故人）の講演会を開いた。当初市役所は「（難民は）単に通過しただけです」と言っていたが、08年には「ムゼウム」が開館した。「難民と庶民がふれあうなかで、多くのエピソードが生まれた。港町ならではの歴史を大事にしていきたい」

夜、中心街に点在する屋台でラーメンをすすった。戦後の1952年に1軒の屋台からはじまり、最盛期には十数軒が750メートルのアーケードにならんだ。「ラーメン街道」と呼ばれ、全国からファンが訪れる。

金ヶ崎緑地休憩所
人道の港 敦賀ムゼウム
敦賀港だからこそ伝えられる「命」と「平和」

52　鉄道の町、一三〇周年で再認識

近江商人は北海道のニシンを敦賀に水揚げして琵琶湖に運んだ。敦賀は海と陸の接点として栄えた。１９１２年から41年には東京から欧亜国際連絡列車が運行し、敦賀から船でウラジオストクにわたるとシベリア鉄道に接続した。欧州への最速ルートで、国際連盟脱退を表明した松岡洋右《ようすけ》もこの道筋でスイスに向かった。

鉄道と港の町である敦賀は、70年に敦賀原発が完成すると「原電の町」となった。

奥瀬浩之さん（54）は京都の大学を卒業して帰郷した。当時はライブハウスも映画館もない。遊ぶ場がほしくて会社勤めのかたわらフリーペーパーをつくった。印刷会社を経て２００７年に敦賀ＦＭ放送を開局し、社長に就任した。

そんなとき、滋賀県彦根市が「彦根城築城四百年祭」で盛り上がるのを目にした。

敦賀の「周年」をさがすと、12年が鉄道開通から１３０周年だった。鉄道愛好家に聞くと、Ｄ51は急勾配が多い敦賀のために開発され、１、２号機が敦賀に配備された。列車の照明の燃料を保管する明治時代のランプ小屋やループ線などの見どころも豊富だった。奥瀬さんは、蒸気機関車の運転士だった父に、機関区でのせてもらったのを思い出した。

既存のイベントに「一三〇周年」の冠をかぶせることで、まちに一体感ができた。駅弁や冷凍ミカンなどのみやげも生まれた。市がつくった鉄道関連の見所を紹介する小冊子は鉄道ファンに人気を博した。

「原電からのカネが減り、自分たちで稼がなければならなくなり、『鉄道の町』を市民が再び意識しはじめました」

ちなみに敦賀市の東浦地区はおいしいミカンのできる北限ともいわれ、明治時代にはロシアのウラジオストックにも輸出していたという。

荒波から敦賀港を守る立石《たていし》岬へ自転車を走らせた。白砂青松の気比の松原から1時間半。敦賀原発をすぎて車道の終点に自転車を置き、岬の先端にのぼった。標高１１５メートルに立つ8メートルの灯台は日本人がはじめて設計し１８８1年に完成した。静かな湾から白波が立つ日本海へ、貨物船が音もなく出て行った。

敦賀港駅は2009年まで貨物列車が発着していた。敦賀港線は廃止され、現在はトラック便のオフレールステーションになっている。

敦賀港駅に残るれんが造りのランプ小屋。列車の照明の燃料を保管していた。1882年ごろの建築で、国内最古ともいわれる。

53 へしこ、女将たちが育てた

立石岬から10キロ南へもどり、半島を西へ横断すると美浜町の水晶浜だ。真っ白な砂浜の北に、美浜原子力発電所の円筒形の建物がそびえている。

30分で国道に合流し、さらに1時間走ると三方五湖《みかたごこ》のひとつ久々子湖《くぐし》に出た。湖と海の接点にある早瀬という集落には土蔵や商家風の町家が多い。江戸時代は、くし状の歯で稲穂からもみを落とす千歯こきの製造、販売で栄えた。

さらに西へ2キロ、日向《ひるが》湖畔に「特製へしこ　女将《おかみ》の会」という家を見つけた。へしこは福井特産のサバ糠漬けだ。

女将の会代表で民宿を営む加藤美樹子さん（71）は20歳で網元の家に嫁ぎ、義母からへしこづくりを習った。サバを10日ほど塩に漬け、しみ出す汁はサラシでこす。その汁と塩漬けサバと糠を樽で1年間漬けると完成する。当時は農家の米と交換していた。

義母と夫が亡くなって十数年間は漬けなかったが、２００５年のこと、「へしこを漬けて売ってみんか」と誘われた。民宿の女性４人で女将の会をつくり、船小屋を改造した作業場でサバ８００本を10樽に漬けた。

塩辛いへしこは、いまの時代には合わない。義母が昔、砂糖を入れた酒かすで1週間塩抜きをしていたのを思い出し、酒かすやみりんを使い塩分を減らした。サバは安くて脂がのっている北欧産。1年で抜群の味に仕上がった。いまは年6千本を漬けている。

加藤さんは観光協会女性部で、14人の仲間と１９９５年からへしこ料理を探求して、サンドイッチやチヂミ、パスタなどをつくった。美浜町は２００５年、「へしこの町」を商標登録。県内の生産量の4割を同町が占めるという。

「何もない時に茶漬けで食べる日陰の食べ物だったから、『へしこの町』になって驚いた。1年をかけて育てたへしこを売るときは、娘を嫁にやる気分です」

へしこを漬ける加藤美樹子さん。

54 丸木舟、船首デザイン新鮮

釣り筏《いかだ》が浮かぶ日向湖を半周し、南端から1キロ余り走って水月湖《すいげつ》に出た。海水の日向湖は濃紺だが、淡水のまじった汽水の水月湖は緑色だ。湖畔には梅林が広がっている。

沖合に奇妙な形の筏を見つけた。案内板に「奇跡の湖水月湖年縞《ねんこう》」とある。ボーリング調査に使う筏らしい。

水月湖は流れこむ大きな川がなく、湖底が無酸素で生物がいないから底の堆積物が動かない。さらに沈降しつづけているから浅くならない。年輪のように1年1層ずつ積もる堆積物、つまり「年縞」のしま模様が約45メートル7万年分もあるそうだ。各層に含まれる有機物の炭素の値と比較することで、世界中の出土物の年代を知ることができる。2013年には世界標準の年代測定の物差しに選ばれた。

三方《みかた》湖畔の鳥浜貝塚は、縄文時代の丸木舟などが出土した。それらを展示する若狭三方縄文博物館を訪ねた。

2000年の開館時に副館長だった玉井常光さん(72)は旧三方町教育委員会で1975年から鳥浜貝塚の発掘を担当した。81年には丸木舟の発見に立ち会った。船首部分にシカの角のようなデザインが施されているのが新鮮だった。縄文人のイメージは、漫画「はじめ人間ギャートルズ」に登場するような、髪がぼさぼさの原始人だった。だから、洗練された図柄や、真っ赤な漆塗りのくしなどに驚いたという。

縄文人は割れた土器をひもでつないで再利用していた。イノシシやシカの骨は成獣しか出てこないから、幼獣は保護していたとも考えられる。「自然と共生する知恵をもち、質の高い芸術を生み、平等な社会だった。たくさん稼いで消費するだけが豊かさじゃないと気づかされました」

博物館をあとにして、梅干しの売店が点在する三方湖畔を西へ。トンネルを抜けると、沖合に鳥辺島《うべ》を望む世久見《せくみ》湾に出た。

水月湖に、湖底に年輪のように積もる堆積物「年縞」を採取する筏が浮かんでいた。

三方湖畔の鳥浜貝塚から出土した縄文時代の丸木舟。玉井常光さんは貝塚発掘にかかわり、若狭三方縄文博物館の初代副館長をつとめた。

55 鯖なれずし、やわらか酸味

三方五湖《みかたごこ》のひとつ、三方湖から国道を約4キロ走り、若狭町の福井県海浜自然センターに立ち寄った。漂着物を展示している。中国のライター、韓国のたこつぼ、北朝鮮兵を模していて弾痕のある標的……。大陸の近さを実感した。

まもなく小浜《おばま》市に入った。「鯖《さば》のなれずし」という看板に誘われて、田烏《たがらす》という海辺の集落に下りた。塩蔵した魚を米飯に漬けて乳酸発酵させるなれずしは、琵琶湖のふなずしがよく知られている。私の住む能登では、夏祭りのごっつぉ（ごちそう）としてアジのなれずしを漬ける。だが、若狭では鯖である。

なれずし名人という森下佐彦さん（72）が営む民宿を訪ねた。1年近く糠に漬けたへしこ（サバ糠漬け）をいったん水洗いして塩を抜き、米飯とこうじに約15日間漬ける。大変な手間だ。試食をすると、生臭さも糠臭さもない。やわらかな酸味と魚のうまみがじゅわっと広がった。

田烏では1897年、全国に先駆けて巾着網《きんちゃくあみ》漁法を導入した。100軒余の家の大半が株主になって船に乗り、サバを10キロ西の小浜港に水揚げした。森下さんは中学時代、バスに乗せられて小浜港に行き、魚の仕分けを手伝った。大漁の日は配当金のほかに数十本のサバが配られた。それらをヘシコやなれずしに加工した。

京都で15年間働いて35歳で帰郷した。京都の老舗の漬物を見てきたから、なれずしが貴重な食文化に思えた。母親に漬け方を習った。2006年、食の世界遺産と呼ばれるスローフード協会（本部・イタリア）の「味の箱船」に認定されたのを機に、「さばへしこなれずしの会」を結成した。

かつては自家用に100本程度を漬けていたが、いまは2千本に。若手グループが廃校になった小学校で工房を開いた。12年からは海辺の田をロウソクで彩る「棚田キャンドル」も催している。「伝承料理の見直しがムラおこしにつながった。先人の知恵は貴重やね」

海に白波が立っていた。冷たい西風に向かって約1時間走ると、若狭の小京都、小浜の中心街に入った。

56 小京都、男女の人間模様

小浜市は、若狭の小京都と呼ばれる。なかでも、べんがら格子の家が軒をつらねる三丁町《さんちょうまち》に、そのたたずまいが残っている。戦前はここに36軒のお茶屋があり、芸妓《げいこ》50人、娼妓《しょうぎ》40人がはたらいた。

お茶屋に育った大田麗子さん（85）は子どものころ、学校から帰ると稽古場に行き、芸妓の卵のそばで三味線や踊りを見よう見まねで習った。

農村から5、6歳であずけられた子どもたちが16歳前後で芸妓になると、親は茶屋から借金ができた。「この子は顔も頭もええから3年の年季で何百円貸しましょ」「この子は頭も器量も悪いし娼妓さんにするよりしゃあない」。そんなやりとりが交わされていたのを覚えている。

戦争が終わり、外地から引き揚げてきた若者で、娼妓のいる店がはやった。「一見《いちげん》さんお断り」で芸妓専門だった大田さんの店も時代に逆らえず、娼妓を置いた。料金は1時間単位。時間が来ると「お迎えどっせ」と声をかけた。

さまざまな人間模様があった。

ある日、「働かせてほしい」と30歳前後の女性が訪ねてきた。恋人の借金を払うため、という。腕と太股にケロイドのような跡があった。陸軍中野学校で訓練を受け、中国でスパイをして捕まり、縛られてウジがわいた跡だという。外国語が堪能で、会社の経営者が情報収集のため座敷に呼ぶこともあった。

女性は「借金がないようになったら二人でなんとかします」と言った。「どないすんのや？」と問うと、「黒潮の渦で死体が二度と揚がらん海を知ってます」と答えた。2年後、借金を払い終えると、着物をきれいにたたんで姿を消した。しばらくして警察が来て、「紀伊半島で男と二人でボートで沖に出て帰らない」と言った。

別の女性はマタギの両親と山で育ち、戸籍がなかった。ある日、近所の金貸しの老婆が殺された。「私が殺しました」と女性が出頭した。いぶかしんでいたら、「私は戸籍がなく、家族も持てへんから」となじみ客の罪をかぶっていたことがわかった。「昔気質で情の厚い子たちどした。女のいろいろを見させてもらいました」

キャバレーやコンパニオンに押され、料亭は２００２年には3軒になった。13年秋、大田さんも店を閉じた。

大田さんは三味線や謡曲を芸妓に教えてきた。髪を今も上品にそろえ、部屋に香を絶やさない。「旦那さんが芸妓に店を持たせることでつづいてきた三丁町はないなりました。いろいろさせてもろて、ええ人生どした」

庚申堂の正面にはサルボボ（身代わり猿）がたくさん吊ってあった。町家や料亭の軒下にも飾られている。

三丁町で代々お茶屋を経営してきた大田麗子さん。

57 はがきに残るサバの値段

小浜市街からおおい町へ海辺の道をたどった。古墳時代の土器製塩跡を見学し、青戸入江《あおとのいりえ》沿いを走った。小浜から3時間で高浜町に入った。砂浜の向こうに若狭富士と呼ばれる青葉山がそびえていた。浜にはかつて京都の資産家の別荘が軒をつらねたという。

高浜は奈良時代、天皇の食卓に海産物を供給した。旧丹後街道沿いにならぶ重厚な町家も、海産物がもたらした富がつくりあげたらしい。

郷土史家の舘太正《たちだ》さん（85）を訪ねた。家に入ると、回船問屋の引き札（チラシ）や土器、埴輪《はにわ》……。まるで博物館だ。なぜか古びたジャズのレコードがある。

「進駐軍にいたんです」

舘太さんは旧制中学を受験したが、右手の障害のため敬礼ができず、三八式歩兵銃の引き金がひけなかった。「国賊者！」。配属将校にののしられ、落ちた。戦後、大阪外国語学校で学び、進駐軍のハウスボーイに。舞鶴ではシベリアからの引き揚げ者の調書をとる仕事をした。国内の共産党員と接触しないよう、駅で汽車に乗るまで監視した。

大阪で繊維工場を経営したあと1977年に帰郷。旅館を営み、郷土史を研究した。

祖父は魚を扱う回船問屋で、全国の魚問屋からの明治期のはがきが数百枚残っていた。「鯛《たい》二円、平目拾《ひらめじゅう》円、鯖《さば》五銭」と記されている。調べるうちに、サバで若狭が栄えたという通説はうそだと思った。タイやヒラメの単価は「円」なのに、サバは「銭」だ。「昔は担いで山を越えたのに、安物のサバじゃ商売にならん。高浜はグジ（アマダイ）が主役だったはずや」

ではなぜ鯖街道なのか？

「飛脚さんが弁当にヘシコ（サバぬか漬け）を持ち、沿道の家へのみやげにした。山里の焼き鯖もそうやって広まったんやと思うわ」。これが舘太さんの推測だ。

若狭富士と呼ばれる青葉山は信仰の山だ。端正な円錐形だが、北側にまわると双耳峰になるため「馬耳山」の別名もある。

まるで歴史資料館のような舘太正さんの家。

58 たどり着いたら海の門

高浜町の中心部から青葉山へ向かった。山の中腹を東から北へ半周すると、若狭富士と呼ばれる円錐《えんすい》形の山容が、双耳峰《そうじほう》に変わって見えはじめた。馬耳山の別名もある。

内浦湾《うちうら》が眼下に広がった。湾の西岸に回り込み、日引《ひびき》の棚田に着いた。２００枚の田が折り重なっている。湾の対岸には高浜原子力発電所の円筒形の建物がそびえていた。

日引から2キロ先の上瀬《うわせ》で舗装道が途切れた。北陸の端の集落であり、能登からはじまった私の旅の終着点である。

サクラに似た花があちこちに咲いていた。その花の枝を集落の小屋で束ねていたおばあさんが「寒桜や。神戸に出荷します。これなら猿やイノシシにやられん」と言った。温暖な上瀬ではコデマリやウメモドキなど20種以上の花木を栽培しているという。

湾口を望む神社にのぼった。巨大な砲弾が2本、門柱のように飾られていた。「戦艦大和か武蔵の46センチ砲です。古物商が寄付したそうです」。元公民館長で木工芸作家の土本保さん（65）が教えてくれた。

土本さんは中学卒業後、建具屋に弟子入りし、釘を使わずに木を組む「組子《くみこ》」の技術を習得した。京都の資産家や古美術商とつきあった。国宝の器でウイスキーを飲ませてもらい、「名品は手で持ち目で見て、味おうてはじめてわかる」と教えられたという。

「ここはどん詰まりの地とちゃう。海門寺という寺があり、大陸への海の門、玄関です」と誇らしげに言った。

海の門か。私が暮らす石川県輪島市の旧輪島駅の駅名標に次の駅は「シベリア」と記されているのを思い出した。

上瀬から山を越えると、１９５０年に金閣寺に放火した青年の生地、京都府舞鶴市成生《なりう》に出られるという。天気は薄曇り。日暮れまで時がある。足をのばすことにしたのだが、山道のぬかるみに靴が沈んで立ち往生してしまい、５分で断念した。

旅の終わりはあっけない。

日引の棚田。自転車で訪ねた 11 月は茶色くくすんでいたが、5 月に再訪すると鏡のように青空を映していた。沖の筏では、原発の温排水を利用して魚を養殖している。

おいでやす 鯖街道
いづみ町商店街
さば缶
さば缶
¥400

59 大陸とつながり感じた旅

能登半島の石川県輪島市を出発地に、富山県東端と福井県西端をめざした計約千キロの自転車旅が終わった。大陸とのさまざまなつながりを感じた海辺の旅だった。書き残したことも多い。

福井県小浜市矢代《やしろ》地区には「手杵祭《てぎねまつり》」という奇祭がある。奈良時代のこと、高貴な女性を乗せた唐の船が漂着した。救助にあたった村人は財宝に目がくらみ、女性や船員を皆殺しにしたと伝わる。4月に営まれる祭りで、顔に墨を塗り杵《きね》を手にした村人が唐の女性らを襲う場面が再現される。先祖の蛮行をつぐなうためか、たたりを恐れてか。この地の人は何をおもい、祭りを伝えてきたのだろうか。

矢代地区から10キロほど西の小浜市泊《とまり》地区では、1900年に韓国の船が漂着し、村人が食料を持ち寄って乗船者93人の世話をしている。2000年に「韓国船救護記念碑」が建てられ、韓国からの訪問者も多いという。記念碑には「海は人をつなぐ母の如し」と記されている。

私が暮らす輪島市の漁師、大角司《おおかど》さん(55)は「韓国の漁船が昔しかけたウナギの籠が網にかかって大変」とぼやく。ただ大角さんはこうも言う。「テポドンは怖いし籠は迷惑やけど、韓国の漁師も真っ黒で俺らと同じ。漁師に偏見はねえと思うぞ」

NHKの連続テレビ小説「まれ」は、土屋太鳳《たお》さん演じる主人公が、能登半島などを舞台に菓子職人をめざした。「能登最後の秘境」と呼ばれた輪島市大沢町もロケ地となり、架空の「外浦村役場《そとら》」のセットが空き店舗につくられた。大沢は1960年まで車道が通らず、村人は船で往来していた。「昔から陸路と海路の接点として栄え、北前船も寄港した。だから開放的な雰囲気ができたのかも」と西保公民館の山田祥子《さちこ》さん(55)。

かつて歴史家の網野善彦さんは、明治以降の教育が「海は国境」という意識を植えつけ、「孤立した島国」の意識が生まれたと指摘した。海を往来してきた北陸の民には、国境を越える自由な心がまだ残っているのだろう。その心は、今の時代にこそ必要なのではないか。旅をしながら感じてきた。

輪島ではみぞれが降りつづいている。愛車マリン号の、つるつるにすり減ったタイヤをはずして、室内にしまった。

1900 年に韓国船が漂着し、93 人の乗船者を村人が助けた泊の浜。

間垣の里で知られる大沢町の元商店が、NHK 連続テレビ小説「まれ」で「そとら村役場」となった。

あとがき

北陸の海辺は、本文に紹介したもの以外でもおいしいものが多かった。

能登から富山に向かう途中、富山湾岸で味わった巻鰤《まきぶり》には驚いた。脂ののった寒ブリを塩漬けにして干し、藁と縄で巻いて半年後にできあがり。食感は魚というより生ハムに似ている。

富山県滑川市で食べたホタルイカの天丼は、さくさくした歯ざわりとほろ苦さが新鮮だった。

富山県は立山連峰の伏流水が豊富だから、酒もおいしい。県西部は濃厚で味の幅が広い加賀の酒に近い。東に走るにしたがって、さらりとした新潟の酒に近づくような気がした。

東端のヒスイ海岸では、昔は漁師が浜で水揚げを終えると、大鍋でタラを煮て食べたそうだ。国道沿いの食堂で860円の「たら汁」を頼んだら、直径20センチの大きなアルマイトの鍋が出てきた。頭の半身としっぽの身、肝、ゴボウとネギの入ったみそ汁は、ボリュームたっぷりだった。

転じて、金沢から福井方面に進むと、まずはフグの子のぬか漬けが目を引いた。北前船の船主の屋敷があった橋立（加賀市）には、船乗りの男が留守のとき女が集まって食べた「茶番料理」が伝わっている。お茶と砂糖を加えた大麦のはったい粉を食べながら、皿や鉢に盛った煮物やごま和え、昆布巻きなどの総菜を楽しんだという。「バイキング料理の元祖」と地元の人が言っていたが、私は味わえなかった。

福井県坂井市の三国のまちは、そばがおいしかった。辛味大根のおろし汁をかけると、新ソバの甘い香りが引き立った。

越智海岸といえば越前がにだが、私は雌のセイコガニをお勧めしたい。炊きたてのごはんの上に、雌がにの身や卵、ミソを載せた丼は、作家の開高健が激賞し「開高丼」と名づけたという。その丼を食べさせてくれる旅館には残念ながら泊まれなかった。

敦賀をすぎると、主役はサバになる。美浜町はへしこ（サバのぬか漬け）の産地。さらに小浜市郊外の漁村では、へしこの塩を抜いて米飯とこうじに再度漬ける「鯖のなれずし」をつくっていた。

小浜から西へ走るとグジ（甘鯛）が存在感を増し、京都が近いことを感じさせてくれた。


北陸の海岸の味をたっぷり味わい、冬のはじめに輪島にもどると、毎晩のように居酒屋に通った。冬の居酒屋ではタラをよく注文する。日本海でその日に揚がったものは刺し身が一番だ。濃厚な白子は、鍋でも天ぷらでも箸がとまらない。

ちなみに夏の王様はアワビだ。高価だが、その肝は安くて磯の香りが抜群だ。はやりの高級魚ノドグロ（アカムツ）は大きいほどおいしい。網で焼くと脂がジュージューとしたり落ちる。

冬場のスナックではときに海女さんとの会話を楽しめる。「ウェットスーツのなかでおしっこするのが最初はいやだった」「母ちゃんばかり働いて、父ちゃんはパチンコと酒ばかり」なんて話を聞きながら夜が更けていく。

そんな生活をつづけていたら、自転車旅行で71キロまで減った体重は3カ月で4キロ増えていた。

いつまで書いてもきりがない。このへんで強引にまとめたい。

北前船、発酵食、カニ、ブリ、酒……北陸の海辺の魅力が、規模は小さいけどミニチュアのようにギュッと凝縮しているのが能登なのだ。人口わずか7万人の奥能登では、キリコと呼ばれる巨大な燈籠が乱舞する祭りが年間150カ所で催されている。伝統的な農漁業や文化が高密度に残っていることが評価されて「能登の里山里海」は国連食糧農業機関（FAO）の世界農業遺産に登録された。

私が能登をえこひいきしているのはまちがいないが、まずは能登で自転車にまたがり、国道や県道ばかりを走るよりも、集落の小道をたどっていただきたいと思う。そこにはきっと、漁師のおじさんや地元のおばあちゃんたち。素晴らしい風景やおいしい食べ物が、あなたを待っているはずだ。

本書は新聞連載に1割ほど加筆した。文章がまとまっているとしたら朝日新聞企画報道室の加来誠デスクのおかげだし、とっちらかっているとしたら私の加筆のせいだ。

最後に、独りよがりで他人の話を聞こうとしなかった私を「お前の話はつまらん！　そんなんじゃ彼女なんかできんぞ」と酷評してくれた大学時代のサークル「ボヘミアン」の仲間、今は亡き片山文雄に感謝したい。30年前に彼に会っていなければ、多くの人との出会いを楽しむ旅などできなかっただろう。

参考文献

『北前船の近代史　海の豪商たちが遺したもの』中西聡／成山堂書店／2013
『北前船おっかけ旅日記』鐙啓記／無明舎／2002
『町野今昔物語』藤平朝雄／あえの郷しんこう会／　2002年
『珠洲市史』
『能都町史』
『穴水町の集落誌』
『図説穴水町の歴史：町制施行五十周年記念』
『食生活雑考』宮本常一／未来社／1977
『暁のトクサ　七尾火電建設阻止の記録』高山敏／1990
『九転十起の男：日本の近代をつくった浅野総一郎』新田純子／毎日ワンズ／2007
『伏木港のあゆみ』吉岡栄明／新湊市民文庫／平成元年
『北前船と新湊』高瀬保／新湊市民文庫／
『新産都市のうねり』北林吉弘／新湊市民文庫／平成2年
『米騒動を知る　魚津フォーラム』米蔵の会編／桂書房／2013
『黒部市史　歴史民俗編』／平成4年
『黒部市誌』／昭和39年
『ふるさと生地の歴史点描』黒部市立生地公民館／平成元年
『海士町開町三五〇周年記念誌』海士町開町350年記念誌編集委員会／海士町自治会／1997
『漆の里・輪島』中室勝郎／平凡社／1997
『能登・間垣の里：文化的景観保存調査報告書』輪島市教育委員会編／2012
『ゼロの焦点』松本清張／新潮文庫／2008
『志賀町史』

『古代から来た未来人　折口信夫』中沢新一／ちくまプリマー新書／2008
『思想のレクイエム　加賀・能登が生んだ哲学者15人の軌跡』浅見洋／春風社／2006
『砂丘に生きる町　ビジュアル内灘町史』内灘町／2003
『内灘町史』
『日本海の商船　北前船とそのふる里』牧野隆信／北前船の里資料館／1985
『若狭　日本の風景を歩く』水上勉／河出書房新社／2000
『医師　藤野厳九郎』土田誠／あわら市日中友好協会／2013
『阿Q正伝・藤野先生』魯迅／講談社文芸文庫／1998
『越前町史』
『河野村誌』
『河野村　百十五年の軌跡　閉村記念誌』／2004
『みなとまちの宝　敦賀近代化遺産ガイド』赤煉瓦ネットワーク2012敦賀大会実行委員会／2012
『わかさ美浜町誌』
『風の吹いてきた村　韓国船遭難救護の記録』泊の歴史を知る会編／韓国船遭難救護100周年記念事業実行委員会／2000
『縄文人の世界　日本人の原像を求めて』梅原猛／角川学芸出版／2004
『小浜市史』
『高浜町誌』
『郷土誌青郷』／2002
『郷土誌内浦』／1978
『日本の歴史をよみなおす（全）』網野善彦／ちくま学芸文庫／2005
『海から見た日本史像』網野善彦／河合ブックレット／1994

藤井 満　ふじいみつる

東京都葛飾区生まれ。大学時代に京都のアウトドアサークル「ボヘミアン」に所属して旅にはまり、主に中央アメリカ諸国を旅した。1990年朝日新聞に入社。静岡・愛媛・京都・大阪・島根・石川・和歌山に勤務した。著書に「能登の里人ものがたり」（2015年、アットワークス）、「消える村　生き残るムラ」（2006年、アットワークス）、「石鎚を守った男　峰雲行男の足跡」（2006年、創風社出版）。

北陸の海辺 自転車紀行　北前船の記憶を求めて

2016年６月10日　初版第１刷発行

著　者　藤井満
発行者　渡辺弘一郎
発行所　株式会社あっぷる出版社
〒101－0064 東京都千代田区猿楽町２－５－２
TEL 03－3294－3780　FAX 03－3294－3784
http://applepublishing.co.jp/
装　幀　Vow wow　犬塚勝一
組　版　Katzen House　西田久美
印　刷　モリモト印刷